이것이
그것이다

이것이 그것이다

심성일 지음

침묵의 향기

이것이 그것입니다.
더 이상 드릴 말씀이 없습니다.

차마 입을 열어 말하지 못한 말은
이 책의 빈 여백에 적어 두었습니다.

책을 읽으시다가 가끔은
텅 빈 여백에 잠시 멈추어 계시기 바랍니다.

지금 여기 없는 것을 찾아 헤매지 말고
이미 여기 있는 것을 돌아보시기 바랍니다.

그것이 이것입니다.
더 이상 드릴 말씀이 없습니다.

2016년 가을
금정산 계명봉 아래서
심성일 손 모음

목차

1
당신이
바로 그것이다

이것은 새롭게 생겨난 것도 아니고, 언젠가 사라지는 것도 아닙니다. 남에게
서 구하거나 따로 얻을 수 없습니다. 어떻게 한다고 해서 늘어나는 것도 아
니고 줄어드는 것도 아닙니다. 모든 경험의 배경이지만 경험의 내용에 결코
물들지 않습니다. 당신이 바로 그것입니다.

눈앞을 떠나지 말라

바쁜 일상 가운데 단 5분만이라도 모든 것을 멈추고 고요히 있어 보십시오. 과거 현재 미래, 여기 저기 거기로 치달리던 마음을 바로 지금 눈앞에 가만히 놓아두어 보십시오. 무슨 일이 벌어질까요?

아무 일도 벌어지지 않습니다. 그저 존재하고 있을 뿐입니다.

특별한 생각을 하지도 않고, 특별한 느낌이나 감정에 신경을 쓰지 않고 가만히 있어 보십시오. 아무 힘을 들이지 않는데도 숨은 저절로 쉬어지고, 심장은 열심히 온몸으로 혈액을 공급하고, 할 일이 없는 의식은 잠재적인 가능성의 상태로 눈앞에 살아 있습니다.

살아 있는 의식, 마음이 나와 세계의 형태로 이렇게 드러나 있습니다. 의식인 허공, 허공인 의식이 나 자신의 외면과 내면의 세계로 이렇게 드러나 있습니다. 바로 지금 이 눈앞의 세계, 외면과 내면의 세계, 나와 세계 전체가 있는 그대로의 살아 있는 마음, 의식 자체입니다.

이미 의식, 이미 마음, 이미 자기이므로 다시 의식을, 마음을, 자기를 찾는 일은 불가능합니다. 만약 찾았다 하더라도 이미 있는 의식, 마음, 자기 위에 드러난 그림자에 불과합니다. 그래서 시간의 흐름에 따라 찾았던 것들, 깨달았던 것들, 체험했던 것들은 무상하게 변합니다.

그러나 그러한 일이 벌어지고 있는 이 의식인 허공, 허공인 의식, 이 눈앞은 그대로입니다. 멈춰야 비로소 보이고, 보아야 비로소 멈출 수 있습니다. 참으로 거대한 역설입니다.

바로 지금 이것

과거는 존재하지 않습니다.
엄밀히 말하자면, 과거는 바로 지금 일으키는 한 생각의 결과물일
뿐입니다.

따라서 과거가 바로 지금입니다.

미래 역시 존재하지 않습니다.
미래 또한 바로 지금 일으키는 한 생각을 벗어나서는 존재할 수
없습니다.

그러므로 미래도 바로 지금입니다.

그렇다면 지금은 존재할까요?
지금은 존재 자체입니다.

지금은 존재한다, 안 한다 따질 수 없습니다.
따지는 순간 과거가 되기 때문입니다.

지금 곧 존재는 영원한 현재 진행형입니다.
지금 곧 존재는 머물지 않는 마음입니다.

모든 것이 지금 곧 존재입니다.
지금 곧 존재가 모든 것으로 드러나고 있습니다.

그것이 바로 지금 이것입니다.
이 글자를 보고 있는 그것입니다.

어떤 것도 붙잡을 필요가 없고 어떤 것도 놓아 버릴 필요가 없습니다.
바로 지금 이 자각의 성품을 다시 알아차릴 수는 없습니다.

대상이 없는 순수한 자각이 지금 곧 존재입니다.
너무나 당연하고 너무나 평범해서 사람들이 늘 놓치고 있는 진리입니다.

설마가 사람을 잡는 것입니다.
바로 지금 이것!

마음의 실체

마음은 바로 지금 이 순간 곧바로 확인됩니다. 왜냐하면 바로 지금 이것이 바로 마음이기 때문입니다. 마음이라는 말과 개념에 속지 않는다면, 바로 지금 이 순간 이렇게 보고 듣고 느끼고 아는 모든 작용이 바로 마음입니다.

이것을 이해하려 하지 마십시오. 이해를 하든 이해를 못 하든, 그것 전체가 바로 마음일 뿐 다른 것이 아닙니다. 바로 지금 나를 포함한 모든 세상이 그대로 마음입니다. 바로 지금 여기 이 순간 벌어지는 모든 일이 바로 마음입니다.

눈앞에 상상으로 빨간 사과를 그려 보십시오. 그런 다음 빨간 사과를 그렸던 그 자리에 노란 바나나를 그려 보십시오. 상상으로 그린 사과와 바나나는 허상입니다. 그러나 그 허상을 그려 내는 그 힘, 그 허상이 그려진 그 바탕은 허상과 둘이 아니지만 허상은 아닙니다.

힘이나 바탕이라는 개념에 집착하면 그것 역시 허상이 됩니다. 그러므로 말과 생각을 내려놓고 직접 맛보고 경험해 보십시오. 무언가가 바로 지금 여기 이 순간 있습니다. 그 있음 위에서 모든 경험과 대상들이 생멸합니다. 언제나 바로 지금 여기 있었기 때문에 그동안 이것의 존재를 의식해 본 적이 없었을 뿐입니다.

바로 지금 여기 이 순간 아무 노력 없이 드러나 있는 눈앞의 풍광이 그대로 마음입니다. 바로 지금 여기 이 순간 경험되는 모든 감각, 감정, 생각의 실체가 바로 마음입니다. 개별적이고 독립적인 '나'라는 주체의식마저 이 마음 바탕 위에 일어나는 물거품과 같은 경험 대상일 뿐입니다.

결코 상대적으로 인식할 수는 없지만, 모든 상대적 인식이 일어난다는 사실이 이것의 존재를 입증합니다. 생각으로 헤아리면 애매모호하지만, 생각을 쉬면 너무나 단순명료한 사실입니다. 무언가를 찾으면 찾으려는 그것은 허상이므로 결코 찾을 수 없습니다.

바로 지금 여기 이 순간 나의 생각과 상관없이 있는 것이야말로 진실입니다. 너무나 평범하고 당연한 사실이야말로 진리 그 자체입니다. 바로 지금 여기 이 순간이 바로 진리입니다. 마음속에서 마음을 따로 찾지 마십시오.

이것이 무엇입니까

"이것이 무엇입니까?"
이 질문을 자기 내면에 일으켜 보십시오.

"이것이 무엇입니까?"
다시 한 번 이 질문을 가만히 내면에 일으켜 보십시오.

질문은 어디에서 일어났습니까?
질문은 어디로 사라졌습니까?

질문을 일으키기 이전에 있었던 그것은 무엇입니까?
질문이 사라진 뒤에도 남아 있는 이것은 무엇입니까?

이것이 느껴집니까?
이것이 확인됩니까?

"이것이 무엇입니까?"

너무나 분명하고 너무나 당연한,
이 텅 비고 활짝 열려 있는 순수한 자각의 공간!

모든 인식의 대상들은 이 안에서,
이것으로서 나타났다 사라집니다.

그러나 이 자각의 공간, 이 의식의 바탕은
언제나 바로 지금 여기 이렇게 있습니다.

이것을 느껴 보십시오.
이것을 맛보십시오.
이것과 하나가 되십시오.

언제나 변함없이 이렇게 드러나 있는 이것!

"이것이 무엇입니까?"

내용 없는 의식

바로 지금 이 순간 당신은 의식이 있습니까?

바보 같은 질문이죠?

지금 이 글을 보고 있는 그것이 바로 의식 아닙니까? '지금 이 글을 보고 있다.'는 생각이 일어나기 전에 이미 있었던 것이 바로 의식입니다. 물론 '지금 이 글을 보고 있다.'는 생각도 의식입니다.

많은 사람들이 '마음'이나 '불성' '깨달음'을 어떤 의식의 〈내용물〉인 줄 착각합니다. 의식의 〈내용물〉은 우리가 상대적으로 알 수 있습니다. 우리가 알 수 있는 의식의 〈내용물〉은 곧 분별입니다.

분별되는 의식의 〈내용물〉은 알 수 있지만, 분별이 펼쳐지는, 의식의 〈내용물〉이 오고 가는 텅 빈 의식 자체는 알 수 없습니다. 〈내용물〉이 없는 의식, 순수한 의식, 청정한 의식, 의식 자체는 알 수 없습니다. 따라서 분별되지 않습니다.

그러나 알든 알지 못하든, 그 상대적 분별이 가능한 이 텅 빈 공간 같은 의식, 존재 자체라고 말할 수 있는 의식, 모든 것의 배경이자 목격자인 의식은 바로 지금 여기 이렇게 있습니다.

　　다시 한 번 묻겠습니다. 바로 지금 이 순간 당신은 의식이 있습니까?

　　물론입니다.

　　당신이 기절하거나, 깊은 잠에 들거나, 심지어 생명을 잃을지라도 이 〈내용물〉 없는 의식, 의식 자체는 손상 받지 않습니다. 아니, 손상 받을 수 없습니다. 바로 지금 여기 이 순간 눈앞의 이 의식, 이 존재, 이 생명, 이 현실이 바로 참나입니다.

그대는 어디에

눈앞에 있는 사물을 바라보십시오.

그 사물은 어디에 있습니까?
그 사물을 바라보는 그대는 어디에 있습니까?

우리는 습관적으로 내가 나의 바깥에 존재하는 사물을 본다고
생각합니다.

그런데 조금만 관점을 달리하면
나도 어느 무엇에 의해 지각되고
사물도 그 어느 무엇에 의해 지각됩니다.

그 어느 무엇을 바로 지금 여기 이것이라 부르도록 하겠습니다.

다시 눈앞에 있는 사물을 바라보십시오.

그 사물은 어디에 있습니까?

시간적으로는 바로 지금 이 순간,
공간적으로는 바로 여기 이 자리에 있습니다.

그 사물을 바라보는 그대는 어디에 있습니까?

역시 시간적으로는 바로 지금 이 순간,
공간적으로는 바로 여기 이 자리에 있습니다.

보는 자와 보이는 대상은 결코 분리되어 있지 않습니다.
바로 지금 여기 이 순간 이 자리에 함께 있습니다.

사물뿐만 아니라, 모든 감각, 의지, 충동, 감정, 생각도
바로 지금 여기 이 순간 이 자리에 있습니다.

굳이 말로 표현하자면, 바로 지금 여기 이 순간 이 자리만 있습니다.

바로 지금 여기 이 순간 이 자리는 고정된 개념이 아닙니다.
특정한 시간도 아니고, 특정한 공간도 아닙니다.
어떤 속성도 없고 아무것도 아닙니다.

그래서 때로는 그것을 텅 비어 있음, 공(空)이라 부르기도 하지만
그 역시 헛된 이름에 불과합니다.

텅 비어 있는 바로 지금 여기 이 순간 이 자리 이것!

사물이 바로 지금 여기 이 순간 이 자리에서 드러나고,
소리가 바로 지금 여기 이 순간 이 자리에서 드러나고,
신체 감각이 바로 지금 여기 이 순간 이 자리에서 드러나고,
감정이 바로 지금 여기 이 순간 이 자리에서 드러나고,
생각이 바로 지금 여기 이 순간 이 자리에서 드러납니다.

바로 지금 여기 이 순간 이 자리는 선험적인 것입니다.
그 모든 것의 배경으로, 그 모든 것 이전에 이미 있습니다.

이것이 있기에 그 모든 것들이 그 가운데서 생멸, 운동, 변화할 수
있습니다.
그러나 이것은 결코 생멸, 운동, 변화할 수 없습니다.

알 수도 없고 모를 수도 없습니다.
가질 수도 없고 버릴 수도 없습니다.

언제나 바로 지금 여기 이 순간 이 자리 이것일 뿐입니다.

찾고 구하고 얻으려는 마음의 움직임이 쉬어지면
바로 그 자리가 이것입니다.

언제나 영원한 바로 지금 여기 이 순간 이 자리입니다.

본래 그 자리

제 이야기에 가만히 귀를 기울이고 들어 주세요. 말의 내용보다는 말이 소통되는 배경, 공간에 주의해 주세요.

바로 지금 여기 이 순간 당신의 눈앞에 펼쳐진 이것, 이것을 보통 사람들은 현실 세계, 현상 세계, 세상, 시공간이라 부릅니다.

그러나 저는 이것을 마음, 의식, 경험의 장(場), 인식 공간, 살아 있는 허공이라 부릅니다. 물론 그 두 갈래 모두 이름일 뿐입니다.

많은 사람들이 바로 지금 여기 이 순간 자신의 눈앞에 펼쳐진 이것의 실상을 보지 못하고, 이것 안에서 의식되고 경험되고 인식되는 감각과 감정, 생각의 내용물에 집착하고 있습니다.

지금 자기 자신이라고 믿어 의심치 않는, 몸과 마음으로 이루어진 '나'라는 개체 역시 이 마음, 의식, 경험의 장, 인식 공간, 살아 있는 허공 가운데 나타난 객관 대상에 불과합니다.

즉 나와 세계는 동일한 객관 대상입니다. 객관 대상 바깥에 따로 그것을 의식하고 경험하고 인식하는 주관은 없습니다. 이것이 주관이면서 객관이고, 이것이 객관이면서 주관입니다.

하나이면서도 둘이고, 둘이면서도 하나입니다. 결국 하나도 아니고 둘도 아닙니다. 언제 어디서나 늘 바로 지금 여기 이 순간 자신의 눈앞이라는 사실을 돌아보십시오.

나라는 주관도 변화하고 세계라는 객관도 변하는데, 그 모든 변화가 이루어지는 곳은 언제 어디서나 바로 지금 여기 이 순간 눈앞입니다. 모든 일은 바로 지금 여기 이 순간 눈앞에서 일어났다가 사라집니다.

그런데 바로 지금 여기 이 순간 눈앞은 아무런 변화가 없습니다. 과거의 기억, 현재의 경험, 미래의 걱정과 기대가 끊임없이 이 앞을 오고 가지만, 이 눈앞의 인식 공간, 경험의 장, 마음, 의식, 세상, 시공간은 늘 그대로입니다.

모든 일이 일어났는데 아무 일도 남아 있지 않습니다.

이 눈앞의 시공간, 세상은 3차원의 물리적 시공간이 아니라 마음, 의식이라 부르는 무엇의 현현입니다. 감각 작용의 환영 때문에 온갖 다양한 차별 현상들인 것처럼 보이고 들리고 느껴지고 인식되지만, 사실은 꿈을 꾸는 것처럼 자기 마음을 자기 마음이 경험하는 일일 뿐입니다.

우리의 분별의식이 경험을 축적하고 분류하는 바람에 그것이 엄밀한 현실인 양 느껴질 뿐입니다. 그런데 잘 살펴보면 분별의식과 경험(기억)은 둘이 아닙니다. 그것은 서로 의존하며 마치 존재하는 듯 보일 뿐인 허상입니다. 실제로 존재하는 것은 바로 지금 여기 이 순간 눈앞의 텅 빈 공간, 마음, 의식뿐입니다.

모든 것이 존재하지만 아무것도 존재하지 않는 것입니다.

어디를 가든 무엇을 하든, 언제나 이것입니다. 언제나 여기입니다. 이 사실을 바로 보십시오. 그 순간 생각 속에서 생각 없음을, 행위 가운데 행위 없음을 깨닫게 될 것입니다. 내가 고스란히 있는 채로 내가 없다는 사실을 깨닫게 될 것입니다.

바로 지금 여기 이 순간 이대로가 진리여서, 진리를 찾는 여정에 종지부를 찍을 것입니다. 언제 어디서나 본래 그 자리입니다. 여여, 진여, 부동심, 금강삼매[1]가 늘 현전해 있습니다. 이 사실을 깨달으면 부처요, 이 사실에 미혹하면 중생일 뿐입니다.

스스로 잘 살펴보십시오.

---

1 무상본연(無相本然)삼매. 모든 현상을 꿰뚫어 환히 아는 삼매.

마음이란 무엇인가

"의식, 또는 마음이라 부르는 그것은 무엇일까요?"

보통의 사람들이 이러한 질문을 마주하게 되면 "무엇일까?" 하고 생각을 합니다. 그러나 진실로 의식, 또는 마음이라 불리는 그것을 확인한 입장에서는 그것보다 더한 코미디가 없습니다.

지금 "무엇일까?" 하는 생각의 정체는 무엇입니까?

"의식, 또는 마음이라 부르는 그것은 무엇일까요?"라는 질문이 말의 형태라면 그 말소리 자체가 그것이고, 글의 형태라면 그 글자의 모양이 보이는 사실 자체가 의식, 또는 마음 아닌가요?

아니, 한 걸음 더 나아가 그러한 질문을 받기 이전에, 그 어떤 특별한 생각도 없었던 그것은 무엇이었습니까?

너무나 당연하게 있는 것. '나'라는 생각보다 먼저 있는 것. 언제나 변함없이 있는 것. 마치 허공처럼 모든 것의 기반, 바탕, 근거로서 있는 것. 이 평범하지만 신비로운 것. 생각을 일으켜서 찾게 되면 오히려 흐려지는 것. 바로 지금 눈앞에 어떤 경계, 어떤 상황이 펼쳐져 있든 그것이 바로 이것입니다.

바로 지금 눈앞에 나와 세계의 형상으로 딱 마주쳐 회피할 수 없는 것. 오감과 분별의식 전체가 바로 의식, 마음이 아니라면 또 다른 의식, 마음은 있을 수 없습니다. 언제나 있는 것이 바로 지금 있는 것입니다. 바로 지금 있는 것이 언제나 있는 것입니다.

감각이 일어나고 감정을 느끼고 생각을 일으키는 바로 그 자리, 바로 그것입니다. 제 스스로는 어떤 감각, 어떤 감정, 어떤 생각이 아니면서 그 모든 감각, 감정, 생각의 근원이자 배경, 그 자체로 존재하는 것. 있지만 없는 것 같고, 없지만 있는 것 같은 것. 이것이 바로 그것입니다.

차 한 잔의 명상

따끈한 차 한 잔을 준비합니다.

찻잔을 바라보십시오.
찻잔의 모양이 보입니다.

눈을 감았다 떠 보십시오.
찻잔의 모양은 사라졌다 다시 나타납니다.

그런데 사라지지도 새롭게 나타나지도 않는 것은 무엇입니까?
(생각하지 말고 자신의 경험 자체에 머물러 있으십시오.)

찻잔을 두 손으로 만져 보십시오.
양손에 찻잔의 따스한 온기가 전해집니다.

손을 떼 보십시오.
손바닥에 남아 있던 온기가 점점 사라집니다.

찻잔의 온기는 드러났다가 사라집니다.
그런데 드러나지도 사라지지도 않는 것은 무엇입니까?
(역시 생각으로 헤아리지 말고 자신의 경험 자체로 머무르십시오.)

차의 향기를 맡아 보십시오.
은은한 차의 향기가 후각을 가득 채웁니다.

찻잔을 내려놓고 가볍게 심호흡해 보십시오.
차의 향기는 희미한 여운만 남긴 채 사라집니다.

차의 향기가 완전히 사라진 뒤에도 남아 있는 것은 무엇입니까?
(이제 자신의 경험에 머무는 것이 익숙해집니까?)

마지막으로 찻잔을 들어 맛을 보십시오.
입술과 혀끝으로 따스한 온기와 함께 차의 맛이 전해집니다.
쌉쌀함, 구수함, 약간의 단맛이 납니다.

시간이 지남에 따라 차의 맛은 점점 옅어집니다.
그런데도 사라지지 않고 남아 있는 것은 무엇입니까?
(이제 아시겠습니까?)

찻잔을 보는 그것,
찻잔의 온기를 느끼는 그것,
차의 향기를 맡는 그것,

차 맛을 보는 그것이 서로 다른 것일까요?

바로 지금 이 글을 보고 생각하고 이해하는 그것은 무엇입니까?

(생각하지 말고 지금의 경험에 머물러 보십시오.)

지각과 인식의 장場

저는 지금 의자에 앉아서 이 글을 쓰고 있습니다. 제게 있어 가장 확실한 것은 눈앞에 보이는 노트북과 그 자판 위에 올라와 있는 제 두 손, 그리고 엉덩이에서 느껴지는 압력, 덜 가신 감기 기운으로 메마른 목의 답답함 정도입니다.

이 모든 경험이 드러나는 바탕으로서의 공간, 경험이 지각되는 장(場)으로서의 의식을 알아차릴 수 있겠습니까? 저와 함께 간단한 실험을 해 보기로 합시다. 몸과 마음을 이완하고 의자나 소파에 앉아 보십시오.

왼쪽 발바닥이 방바닥에 닿아 있는 느낌에 주의를 기울여 보십시오. 발바닥과 접촉하고 있는 방바닥의 다양한 느낌이 거기 있을 것입니다.

이번엔 오른 손바닥의 느낌에 주의를 집중해 보십시오. 손바닥 장심에서 열감이나 기운을 느끼실 수도 있을 것입니다.

이번엔 엉덩이에서 느껴지는 압력, 무게감에 주의를 돌려 보십시오. 잘 되십니까?

이번에는 왼쪽 발바닥과 오른 손바닥, 그리고 엉덩이의 느낌을 동시에 느껴 보십시오. 잘 되십니까?

아마 어렵지 않게 느낌을 느끼실 수 있을 것입니다.

자, 이번에는 왼쪽 발바닥의 느낌을 느끼면서, 그 느낌을 감싸고 있지만 이제까지 한 번도 주의를 기울여 본 적이 없었던, 그 감각이 드러나고 있는 바탕이랄까, 배경이랄까, 주변의 공간에 주의를 기울여 보십시오. 잘 되십니까?

포기하지 말고, 몸과 마음을 이완하고, 가볍게 주의를 특정 감각이 아닌 감각이 일어나고 있는 장(場), 공간, 배경에 두어 보십시오.

오른 손바닥의 느낌을 느끼면서도 똑같이 그 느낌을 둘러싸고 있는, 그 느낌과 분명하게 경계가 나뉘지는 않지만 그 느낌을 수용하고 있는 텅 빈 공간, 배경 같은 것에 주의를 기울여 보십시오.

엉덩이의 느낌을 느끼면서도 똑같이 해 보십시오.

그 다음, 왼쪽 발바닥과 오른 손바닥, 그리고 엉덩이의 느낌을 동시에 느끼면서 마찬가지로 그 모든 경험이 지각되는 장, 배경, 공간을 알아차려 보십시오.

언제나 변함없이 존재하는 것은 이 장, 배경, 공간 같은 의식 자체입니다. 이것을 마음, 의식, 알아차림, 자각의 성품, 마음작용, 자성 등 온갖 이름으로 부를 수 있지만, 그것들은 그저 이름일 뿐입니다.

정말 중요한 것은 이 미세하고 미묘한 느낌 아닌 느낌을 자각할 수 있느냐 하는 것입니다.

이 경험이 지각되는 장, 바탕, 배경, 공간은 한순간도 없었던 적이 없이 언제나 변함없이 있기에 존재 자체, 의식 바탕, 생명 자체라 할 수 있으며, 진정한 의미에서의 참나입니다.

이것은 허망한 감각 지각, 인식 내용들과 늘 둘 아닌 상태로 지각되고 인식되고 있지만, 특별한 내용이 없는 의식, 순수한 의식 자체, 청정한 마음이기에 상대적으로 분별이 잘 되지 않습니다.

우리의 주의력, 분별적 인식능력의 입장에서는 '아무 느낌도 없다, 모르겠다.'라는 반응을 보이기 쉽습니다. 그러나 진정 온 마음을 기울여 이 평범한 상태, 자연스러운 상태, 변함없는 상태에 주의를 기울여 보십시오.

때가 되면, 이 아무것도 아닌 것 같고 아무 느낌도 없는 것의 참맛을 확실하게, 분명하게 보게 될 것입니다. 늘 있었기에 마치 없는 것처럼 보이고, 너무나 친숙하기에 마치 모르는 줄 알았던 우리의 본래면목을 낯설게 한 번은 만나게 될 것입니다.

행운을 빕니다.

묻지 않는 질문

당신은 어디에 있습니까?

이 질문에 대답할 필요는 없습니다. 이 질문에 대한 어떤 대답도 헛소리에 불과하기 때문입니다. 당신은 결코 '어디(where)'에 제한적으로 존재하는 대상이 아닙니다. 굳이 말하자면 '어디'가 당신 안에 존재합니다. 당신은 '어디도 아닌 곳(no-where)'에 있습니다. '어디도 아닌 곳'은 '지금 여기(now-here)'입니다.

당신은 누구 또는 무엇입니까?

이 질문에 대답할 필요는 없습니다. 이 질문에 대한 어떤 대답도 헛소리에 불과하기 때문입니다. "나는 누구이다, 나는 무엇이다."라는 대답은 모두 생각의 결과물입니다. 당신의 진정한 존재는 그러한 생각이 일어나는 원인이지 그러한 생각의 결과물, 대상이 아닙니다. 생각이 일어나는 그 자리에 진정한 당신의 존재가 있습니다. 어쩌면 있음이 당신일지 모릅니다.

당신은 당신과 조금도 떨어져 있지 않습니다. 그러므로 당신은 당신을 볼 수 없고, 들을 수 없고, 냄새 맡을 수 없고, 맛볼 수 없고, 만질 수 없고, 알 수 없습니다. 그러나 당신은 보고, 듣고, 냄새 맡고, 맛보고, 만지고, 압니다. 당신은 있지만 없는 것 같습니다. 당신은 없는 것 같지만 분명히 있습니다. 찾으면 없는 것 같지만, 찾지 않으면 이렇게 있습니다.

모든 상대적 분별이 오고 가는 여기, 어디도 아닌 바로 지금 여기, 누구 또는 무엇도 아니지만 누구 또는 무엇을 분명히 지각하고 인식하는 여기, 이것이 있습니다. 내용이 없는 자각, 텅 비어 있는 성품, 살아 있는 허공 같은 마음이 있습니다. 나조차 아닌 나가 있습니다. 아무것도 아니지만 모든 것이며, 모든 것이지만 아무것도 아닌 것이 있습니다.

이것이 무엇입니까?

이 질문에도 역시 대답할 필요가 없습니다. 이것은 묻지 않는 질문입니다. 어떤 대답도 요구하지 않는, 질문 아닌 질문입니다. 어쩌면 이 질문이 그대로 답일지 모릅니다. 스스로 물어보십시오. 대답하려 하지 말고 질문을 맛보십시오.

이것이 무엇입니까?
이것이 무엇입니까?
이것이 정녕 무엇입니까?
이것이 도대체 무엇입니까?

어떤 대답도 할 수 없는 가운데 무엇이 있습니다.

이것이 무엇입니까?

이것이 무엇입니까?

이것이 정녕 무엇입니까?

이것이 도대체 무엇입니까?

이 질문이 스스로 일으킨 의문 속으로 소멸할 때까지 묻고 또 물어보십시오.

이것이 무엇입니까?

이것이 무엇입니까?

이것이 정녕 무엇입니까?

이것이 도대체 무엇입니까?

분리는 없다

지금 어떤 대상을 바라보십시오.
보는 자와 보이는 대상이 분리되어 있습니까?
어디까지가 보는 자이고 어디까지가 보이는 대상입니까?

지금 어떤 소리를 들어 보십시오.
듣는 자와 들리는 대상이 분리되어 있습니까?
어디까지가 듣는 자이고 어디까지가 들리는 대상입니까?

지금 어떤 느낌을 느껴 보십시오.
느끼는 자와 느껴지는 대상이 분리되어 있습니까?
어디까지가 느끼는 자이고 어디까지가 느껴지는 대상입니까?

지금 한 생각을 일으켜 보십시오.
아는 자와 알려지는 대상이 분리되어 있습니까?
어디까지가 아는 자이고 어디까지가 알려지는 대상입니까?

진지하게 스스로 살펴보십시오.

주체와 객체 사이의 분리는 오직 생각일 뿐입니다.
주관과 객관 사이에는 아무런 경계선이 없습니다.
언제나 말하자면 한 덩어리, 일체, 전체일 뿐입니다.

따라서 아무리 보아도 사실은 본 바가 없습니다.

늘 전체였습니다.

아무리 들어도 사실은 들은 바가 없고,
아무리 느껴도 사실은 느낀 바가 없고,
아무리 알아도 사실은 안 바가 없습니다.

언제나 전체였습니다.

너무나 분명한 것

바로 지금 여기 이 순간
가장 확실한 것은 무엇일까요?

(침묵)

아시겠습니까?

너무나 분명하고
너무나 확실한 나머지
결코 신경 쓰지 않았던 것이
바로 지금 여기 이 순간 눈앞에 펼쳐져 있습니다.

너무나 단순하고
너무나 당연하고
너무나 자연스럽고
너무나 생생한 이것!

(침묵)

혹시 이것을 알아차리지 못한 분들을 위해
힌트를 드리겠습니다.

어제와 비교하여 달라지지 않은 것을 찾아보십시오.

눈앞의 풍광은 분명 어제와 달라졌을 것입니다.
들리는 소리도, 맡을 수 있는 냄새도, 육체의 느낌도, 감정과 생각도
정도의 차이는 있겠지만 어제와 동일하지 않습니다.
심지어 그 모든 것을 보고 듣고 느끼고 생각하는 나조차
조금은 변했습니다.

그런데 전혀 변하지 않은 것이 하나 있습니다.

1년 전에도 이러했고,
10년 전에도 이러했고,
30년 전에도 이러했습니다.

이것은 전혀 변하지 않습니다.

(침묵)

이것은 확인하고 싶어도 확인되지 않습니다.

확인되지 않는다는 거기에 이것의 미묘함이 있습니다.
알고 싶지만 알 수 없다는 거기에 불가사의함이 있습니다.

이것이야말로 나의 진정한 존재 자체이기에 결코 대상화되지 않습니다.
대상화되지 않는 것을 확인하거나 알거나 경험할 수 있는 방법은
없습니다.

말의 길이 끊어지고 생각이 갈 곳이 사라진다는 말이 가리키는 것이
바로 이것입니다.

역설적이게도 그 확인하려는 노력, 알고자 하는 분투, 체험하고자 하는
욕망이 자연스럽게 멈춰지면, 언제나 확인하고 있었고, 늘 알고 있었
고, 항상 맛보고 있었습니다.

진실로 확인해 보니 확인한 것이 없고,
진실로 알고 보니 안 것이 없고,
진실로 체험해 보니 체험한 것이 없습니다.

그 없음만이 너무나 분명합니다.
알 수 없지만 모를 수도 없는 이것!

이미 있는 것

이미 있는 것을 다시 얻을 수 있을까요?

많은 사람들이 깨달음을 얻기 위해 아무리 애를 써 보아도
얻지 못하는 이유는 그것이 이미 모자람 없이 주어져 있기 때문입니다.

'이 사람이 지금 무슨 말을 하고 있는 거야?'

혹시 이런 생각이 떠오르지 않습니까?
그 생각은 어디에서 떠올랐습니까?

'무슨 말이지?'

또 생각이 떠오르지 않습니까? 아까의 생각은 어디로 사라졌습니까?
바로 거기, 바로 여기에 뭔가가 이미 있습니다.

어떤 소리가 들립니다.
그런데 그 소리보다 먼저 뭔가가 이미 있습니다.

어떤 느낌이 느껴집니다.
그런데 그 느낌보다 먼저 뭔가가 이미 있습니다.

이것은 생각으로, 느낌으로 알 수 없습니다.
어떤 생각, 어떤 느낌보다 이미 먼저 있기 때문입니다.

알 수 없지만 있기는 있습니다.
거기에서, 여기에서 그 모든 생각을 쉬어 보십시오.

헤아릴 수 없는 거대한 신비 속으로 들어가 보십시오.
두려워 말고 한 걸음 내디뎌 보십시오.

바다의 깊이를 재기 위해 바다로 내려간 소금 인형처럼.

경험의 배후

'내가 있다(I am)'는 느낌은 모든 경험의 배후에 존재하는 근본 바탕입니다.

당신은 단 한 번이라도 '내가 없다'는 것을 경험한 적이 있습니까?

우리는 가끔 깊은 잠이 들었거나, 기절을 하거나, 마취 상태에 들어갔다가 의식을 되찾고서는 그 당시에는 내가 없는 경험을 했다고, 의식이 끊어졌었다고 말합니다.

그것은 사실인가요?

내가 없는 경험을 한 것은 누구였습니까? 분명 육체적 감각, 분별의식, '나'라는 자아감은 사라졌는데도, 그 모든 것이 사라졌다는 사실을 지켜보고 있었던 것은 무엇 혹은 누구였습니까?

'내가 있다'는 원초적인 감각은 특별한 것이 아닙니다. 우리는 흔히 '나'를 육체나 느낌, 감정, 생각과 동일시하는 까닭에 '내가 있다'는 느낌을 특정한 감각으로 분별하려고 합니다. 그러나 다른 감각과 분별되는 감각은

'내가 있다'는 근원적 감각이 아닙니다.

'내가 있다'는 근원적 감각은 아무 느낌이 없는 느낌입니다. 텅 비어 아무 내용은 없지만 분명 존재하는, 생생한 살아 있음의 감각입니다.

모든 경험의 배후에, 아니 모든 경험 자체가 사실은 이 투명하고 맹숭맹숭한 의식 자체입니다. 단 한 번도 끊어진 적이 없는 영원한 의식 자체입니다.

이러한 말을 듣고 그것을 경험하려는 마음이 일어날 때, 그 마음이 어디서 일어나고 있습니까?

그 마음, 의지, 충동, 생각은 없다가 새롭게 생겨나는 것이므로 다시 사라질 것입니다. 그러나 그 모든 마음의 움직임들이 일어났다 사라지는 공간, 그 배경, 그 바탕, 그 기반은 무엇입니까?

언제나 변함없이 이렇게 있는 이것 말입니다.

찾는 자는 누구인가

어느 신비가는 이렇게 말했습니다.
"물속의 물고기가 목말라 한다는 소리를 듣고 나는 웃었다."

여러분은 어떻습니까?
여전히 무엇을 찾고 있나요? 무언가 부족한 것이 있나요?

자세히 살펴보시기 바랍니다.

찾아야 할 무엇이 실제로 있어서 찾고 있는 것인지,
그저 뭔가를 찾아야만 만족할 것 같은 느낌이나 생각이 일어난 것인지.

정말로 무엇이 부족한 것인지,
아니면 뭔가 부족하다는 느낌이나 생각에 사로잡혀 있는 것인지.

냉정하고 차분하게 있는 그대로의 사실만을 거울처럼 비춰 보십시오.
그러한 느낌이나 생각이 고정된 실체를 가진 것인지,
언제나 변함없이 항상한 것인지.

만약 그러한 느낌이나 생각이
무상하게 일어났다가 잠시 머물다 사라지는 것이라면,
그것들은 어디에서 일어났다가 어디에서 머물고 어디로 사라지나요?

그 느낌이 일어나기 이전에, 그 생각에 사로잡히기 이전에
이미 있는 그것은 무엇일까요?
그러한 느낌과 생각의 바탕, 근원은 무엇일까요?

바로 지금 이렇게 의문을 일으키는 자의 얼굴을 곧장 바로 보십시오.

얻을 수도 없고
버릴 수도 없다

본래 얻을 수 없고 다시 버릴 수 없는 것이 무엇일까요?

바로 지금 이것입니다. 그대가 입을 열어 말로 설명하려 할 때 곧장 그대를 한 대 때려 줌으로써 그것을 가리켜 보일 수 있습니다. 이미 이렇게 분명하게 있지 않느냐 이 말입니다. 한 생각 일으키기 이전부터 본래 존재하고 있는 것, 그것이 우리의 본성이고 본래면목 아닙니까?

마음이라는 물건은 '마음'이라는 말을 배우기 이전부터 있었던 것입니다. 마음을 찾기 위해 온갖 수행을 하기 이전부터 분명했던 것입니다. 아무리 닦아도 새롭게 닦인 바 없고 아무리 오염시켜도 조금도 더럽혀진 바 없는 것이 마음입니다. 마음이라 이름하지만 본래 마음이라는 이름에 합당한 대상은 없습니다.

어떠한 실체도 없기에 텅 비어 있으며, 모든 상대적 대립과 갈등이 일어나기 이전의 상태이므로 고요하며, 그럼에도 불구하고 생생하게 살아 있어 온갖 반응에 즉각 작용하기에 분명하게 깨어 있는 것이 바로 마음입니다. 모든 현상이 가능한 잠재력의 공간, 모든 사건이 일어날 수 있는 무대가 바로 마음입니다.

　모든 현상들, 온갖 사건들은 오고 가지만 이 공간, 이 무대는 본래 온 적이 없고 가는 바가 없습니다. "예부터 움직이지 않아 이름하여 부처라 한다."는 『법성게』의 구절이나, "여래란 오는 것도 없고 가는 것도 없으므로 여래라고 한다."는 『금강경』의 구절들이 가리키는 바가 바로 눈앞에 살아 있는 이 마음입니다.

　마음은 새롭게 얻을 수 있는 것도 아니고, 다시 잃어버릴 수 있는 것도 아닙니다. 깨달음은 이 본래의 마음이 언제나 늘 있다는 사실에 대한 확인일 뿐입니다. 어떤 특별한 능력을 얻거나 지금의 상태를 벗어나 자신이 이상적으로 생각하는 상태가 되는 것이 결코 아닙니다. 바로 그러한 망념이 본래 있는 이 마음을 가리고 있습니다.

　알지 못하겠습니까? 답답합니까? 그렇다면 그 감정, 그 생각을 따라가지 말고, 알지 못한다는 것이 진정 무엇인지, 누가 알지 못한다고 답답해하는지, 그 감정과 생각이 일어난 원점으로 돌아가 보십시오. 거기에 과연 무엇이 있는지 냉철한 주의력으로 그저 살펴보십시오. 무엇이 있습니까?

퐁당퐁당

어린 시절에 곧잘 부르던 동요가 있습니다.

퐁당퐁당 돌을 던지자
누나 몰래 돌을 던지자
냇물아 퍼져라 멀리 멀리 퍼져라
건너편에 앉아서 나물을 씻는
우리 누나 손등을 간질여 주어라

잔잔한 연못에 돌멩이 하나를 던지면 고요했던 수면에 문득 파문이 일어나 사방으로 퍼집니다. 물결의 파동은 연못 가장자리까지 이어지다가 다시 원점으로 돌아와 멈춥니다.

수면 위에는 다시 고요가 찾아옵니다.

다시 돌멩이를 던져도 그렇습니다. 퐁당퐁당. 파문은 일어나 퍼져 나갔다가 다시 원점으로 돌아오고 잠잠해집니다.

우리의 마음, 순수한 의식 역시 그와 같은 속성이 있습니다. 손가락을 튕겨 보십시오.

딱!

다시 한 번 튕겨 보십시오.

딱!

소리가 일어났다가 사라집니다. 마치 고요한 수면 위에 돌멩이를 던져 파문을 일으키듯 소리가 일어났다 금세 사라집니다.

소리는 어디에서 일어났다가 어디로 사라진 것일까요?

어린 시절 가장 인상 깊었던 기억을 떠올려 보십시오. 그리고 그와 연관된 감정을 느껴 보십시오.

기억은 어디에서 일어났다가 어디로 사라집니까? 감정은 어디에서 일어났다가 어디로 사라지나요?

소리, 기억, 감정 따위는 의식의 수면 위에 잠시 일렁거리는 물결에 불과합니다. 그 물결의 본질, 물결의 모양과 상관없는 물 자체는 무엇입니까?

눈치 채셨기를 바랍니다.

당신은 존재하고 있습니까

"당신은 지금 존재하고 있습니까?"

어처구니없는 질문이라고요? 말도 안 되는 질문이라고요? 어이없다고 넘겨 버리지 마시고 진지하게 대답해 보십시오.

"당신은 지금 존재하고 있습니까?"

당신의 대답은 물론 '그렇다'일 것입니다. '그렇지 않다'는 부정이든, '모르겠다'는 회피든 그 모두는 결국 당신의 존재에 대한 인정입니다.

그런데 당신은 어떻게 당신이 존재한다는 사실을 알 수 있었습니까? 어떻게 당신이 존재한다는 것을 추호의 의심 없이 확신할 수 있었습니까?

예를 들어 누군가가 당신에게 "5백 원짜리 동전이 있습니까?"라고 묻는다면, 당신은 호주머니에 손을 넣어 동전의 존재를 확인한 다음, "네, 있습니다." 또는 "아뇨, 없습니다."라고 대답할 것입니다. 마찬가지로 제가 당신에게 "당신은 지금 존재하고 있습니까?"라고 물었을 때, 당신은 분명 뭔가(당신)의 존재를 확인한 다음, "물론이죠."라고 대답했을 것입니다.

그렇다면 당신은 도대체 무엇을 확인한 다음 대답한 것입니까?

5백 원짜리 동전보다 더 가까이 있는 것, 아니 결코 분리되거나 떨어져 있을 수 없는 것이야말로 당신 자신일 것입니다. 따라서 그것을 확인하는 데 조금도 시간과 노력이 필요 없을 것입니다. 너무나 확실하고 자명한 것이 당신 자신의 존재였을 것입니다. 그것이 무엇입니까?

비유하자면 눈이 눈 자신을 보려고 하는 것과 같습니다. 눈은 결코 어떤 대상으로서 자신(눈)을 볼 수는 없습니다. 보려고 하는 자와 보려고 하는 대상이 둘이 아니기 때문입니다. 오직 바로 지금 아무 문제 없이 보고 있다는 자각만이 눈이 스스로 존재한다는 유일한 증거일 것입니다.

마찬가지로 당신 자신을 5백 원짜리 동전처럼 상대적으로 확인할 수는 없습니다. 확인하려는 자나 확인하려는 대상이나 모두 동일한 당신 자신이기 때문입니다. 그러므로 어떤 대상에 대한 상대적인 자각이 아니라 자각 자체에 대한 자각만이 당신 존재의 유일한 근거일 것입니다.

다시 묻겠습니다.
"당신은 지금 존재하고 있습니까?"
"네, 그렇습니다."

"당신은 그것을 어떻게 알았습니까?"

당신이 바로 그것이다

바로 지금 이 순간 어떤 느낌이 있습니까?

예를 들어 의자에 앉아 있는 엉덩이의 압력이 느껴진다고 합시다. 눈을 감고 느껴지는 엉덩이의 압력에 주의를 집중해 보십시오. 그리고 주의를 돌려 그 느낌을 느끼고 있는 자신이라는 존재에 집중해 보십시오.

한 가지 묻겠습니다.

엉덩이의 압력이나, 그것을 느끼고 있는 자신이나 모두 스스로 기울인 주의의 대상이 아닙니까? 어떻습니까? 다시 앞의 과정을 되풀이해 보고 답해 보십시오.

이제 주의를 특정한 느낌이나, 그것을 느끼는 자신이 아닌 그 주의 자체로 돌려 보십시오.

알아차리시겠습니까?

모든 느낌, 감정, 생각, 다시 말해, 모든 경험이 일어났다 사라지는 지평, 공간이 바로 그것입니다. 당신의 진정한 정체성이 바로 그것입니다. 없으면서도 있는 듯 하고, 있으면서도 없는 듯한 그것이 바로 당신의 본래 면목, 본성입니다.

이것은 새롭게 생겨난 것도 아니고, 언젠가 사라지는 것도 아닙니다. 남에게서 구하거나 따로 얻을 수 없습니다. 어떻게 한다고 해서 늘어나는 것도 아니고 줄어드는 것도 아닙니다. 모든 경험의 배경이지만 경험의 내용에 결코 물들지 않습니다.

당신이 바로 그것입니다.

내 존재의 끝은 어디인가

일반적으로 사람들은 자기 자신을 지금 이 순간 지각되는 몸과 마음이라고 생각합니다. 그것은 지극히 당연하고 자연스러운 것처럼 느껴지고 생각되기에 그 사실을 좀처럼 의심하지 않습니다.

과연 그것은 사실, 아니 진실일까요?

바로 지금 당장 한번 직접 실험해 봅시다. 미리 당부해 둘 것은 이 실험에서 전적으로 의지해야 하는 것은 자기 자신의 직접적인 경험일 뿐, 기존에 가지고 있던 선입견은 어떤 것이든 철저히 배제해야 한다는 것입니다.

자, 바로 지금 당장 어떤 일을 하고 있든지 간에 잠시 모든 육체적, 정신적 움직임을 멈추기 바랍니다. 그리고 나라는 존재의 윤곽, 경계선이 어디까지인지, 생각하지 말고 분명한 감각적 느낌으로 느껴 보십시오.

즉, 나의 한계가 어디까지인지 그 한계를 감각적으로 접촉해 보십시오. 눈을 뜬 상태에서도 시도해 보시고, 눈을 감은 상태에서도 시도해 보십시오. 어떤 감각이 느껴지면 그 느껴지는 곳이 내 안인지 내 바깥인지 판단

해 보십시오.

예를 들어 어떤 소리가 들리면, 눈을 감고 그것이 내 안에서 들리는지 내 바깥에서 들리는지 알아차려 보십시오. 의자에 앉아 있는 엉덩이의 압력이 느껴지면, 그 느낌이 내 안에서 느껴지는지 내 바깥에서 느껴지는지 알아차려 보십시오.

자기 존재의 한계가 느껴지십니까? 눈을 뜨든 눈을 감든, 내 존재의 한계를 느껴 보려 해도 분명하게 이것이 내 존재의 한계다 할 것이 없지 않습니까? 억지로 표현하자면 마치 한없는 공간 같은 느낌만 그 가운데 있지 않습니까?

아는 것도 아니고 모르는 것도 아닌 애매모호한 자각의 성품만이 텅 빈 채로 가득 들어 차 있는 것 같지 않습니까? 제 말에 속지 마시고 곧장 자신의 직접적인 경험 속으로 들어가십시오. 자기 스스로 공명하는, 깨어 있는 의식이 있지 않습니까?

그 애매모호한, 느낌이 없는 느낌 속에 가능한 오래 머물러 보십시오. 다시 말해, 그 안에서 일어나는 생각에 속지 말고 그저 알 수 없는 느낌, 느낌 아닌 느낌에 머물러 있으십시오. 거울이 무심히 대상을 비추듯 가만히 있어 보십시오.

당신이 할 수 있는 것은 여기까지입니다. 그 다음의 일은 당신이라는 몸과 마음이 할 수 있는 일이 아닙니다. 행운을 빕니다.

안심법문

혜가가 물었습니다.
"마음을 편안히 하는 법을 가르쳐 주십시오."

이에 달마가 말했습니다.
"그대가 자신의 마음을 가져오면 내가 편안히 해 주겠다."

혜가가 잠시 멈추었다가 답했습니다.
"아무리 제 마음을 찾아보려 해도 찾을 수가 없습니다."

그러자 달마가 말했습니다.
"그대의 마음을 이미 편안하게 해 주었다."

마음이 편치 않으십니까? 불편한 느낌이나 감정, 생각 때문에 괴로우십니까? 마음이 편해지기를 바라십니까? 괴로움에서 벗어나기를 원하십니까?

그러시다면 한번 제 말에 귀를 기울여 보십시오.

우리가 마음이 불편하다 할 때 그 '마음'이라는 것이 도대체 어떻게 생긴 것인가요? 그 '마음'은 지금 어디에 있습니까? 보통 어떤 '느낌'이나 '감정', '생각'을 '마음'이라는 이름으로 통칭하지 않습니까? 어떤 이름이든 좋습니다.

도대체 그것이 무엇인가요? 그것은 지금 어디 있나요?

불편한 마음, 곧 불편한 느낌, 감정, 생각이 그것을 경험하는 '나'를 벗어나 있습니까?

자세하게 살펴보시기 바랍니다. 불편한 느낌, 감정, 생각이 경험됩니다. 그리고 그것을 경험하고 있는 '나'도 경험되지 않습니까? 우리는 면밀한 고찰 없이 그저 습관적으로 '나'가 어떤 느낌, 감정, 생각, 곧 대상경계를 경험한다고 생각하고 있습니다. 그런데 한번 실제로 확인해 보십시오.

불편한 느낌, 감정, 생각이 '나' 안에 있습니까, '나' 밖에 있습니까? 그 둘 사이에 실제로 구분되는 경계선을 찾을 수 있나요?

느낌, 감정, 생각은 끝없이 변하면서 눈앞을 지나갑니다. 그것들이 지각될 때 그것들을 지각하고 있는 '나' 역시 그것들과 짝을 이루면서 지각됩니다. 주관과 객관은 서로 짝을 이루어 존재합니다. 주관을 떠난 객관 홀로 존재하지 못하고, 객관을 떠난 주관 역시 독자적으로 존재하지 못합니다.

허상에 불과한 '나'가 허상에 불과한 '마음'을 경험하지만, 그 역시 또 다른 허상입니다. 허상인 줄 모르기 때문에 그것이 실제인 것 같은 힘을 발휘하는 것입니다. 마치 꿈속의 사람이 꿈속의 호랑이를 보고 놀라는 일과 같습니다. 꿈인 줄 모르면 식은땀이 흐르는 일이지만 꿈에서 깨면 그런 일은 본래 없습니다.

모든 허상의 본질이 진실입니다. 허상을 없애서 진실을 얻는 것이 아니라, 허상은 허상일 뿐임이 분명해질 때 그 허상이 그대로 진실입니다. 따로 진실이라는 또 다른 허상을 짓지 않습니다. 그래서 치달리는 마음을 쉬면 그것이 바로 깨달음이므로 다만 범부의 알음알이가 다하는 것일 뿐 새삼스레 성인의 견해는 없다고 하는 것입니다.

있는 것을 없다고 여길 뿐, 없는 것을 있다고 여기지 마십시오.

경험의 배경

눈앞의 한 대상에 주목해 보십시오.

주목한 대상은 또렷하게 지각됩니다. 그러나 그 대상과 동시에 저절로 지각되지만 대상에 집중한 나머지 또렷하게 분별되지 않는, 그것의 '배경'은 무엇입니까?

들려오는 소리에 귀 기울여 보십시오.

특정한 소리가 분명하게 지각됩니다. 그러나 그 소리와 함께 늘 있지만 소리에만 귀 기울인 나머지 그 존재에 무관심했던, 소리가 나타나는 '배경'은 무엇입니까?

자기 허벅지를 찔러 보십시오.

감각이 명백하게 지각됩니다. 그러나 그 감각의 출몰과 상관없이 늘 거기 있었지만 특별한 느낌이 아니기에 미처 알아차리지 못했던, 감각의 '배경'은 무엇입니까?

1+1=2라는 생각을 떠올려 보십시오.

자기 자신의 생각을 스스로 지각할 수 있습니다. 그러나 그러한 생각의 내용에 구속되지 않고 언제나 펼쳐져 있는, 생각의 '배경'은 무엇입니까?

보고 듣고 느끼고 아는 내용은 끊임없이 변합니다. 어떤 것도 고정된 경험은 없습니다. 그러나 그러한 작용이 펼쳐지기 위해서는 선험적으로 무언가가 그러한 경험의 배경으로 존재해야 합니다.

아니, 보고 듣고 느끼고 아는 내용과 그 배경은 결코 분리되어 있지 않습니다. 그 배경이 곧 보고 듣고 느끼고 압니다. 그 배경에서 보고 듣고 느끼고 알기 때문에 아무리 보고 듣고 느끼고 알아도 늘 그 배경 그대로입니다.

그 배경을 존재 자체라 할 수 있을 것입니다. 마음이라 불러도 좋고, 의식이라 부를 수도 있습니다. 공(空)이라 해도 괜찮고, 참나 곧 자기라 불러도 좋을 겁니다. 신(神)이라 부를 수도 있을 것이고, 세계 또는 우주 자체라고 불러도 됩니다.

그러나 이름은 문제가 아닙니다. 보고 듣고 느끼고 아는 일이 일어나는 그 배경이 무엇입니까? 보고 듣고 느끼고 아는 그것, 그것이 무엇입니까?

무엇이 보고 듣고 느끼고 아는 것이 아니라, 보고 듣고 느끼고 아는 것이 그 무엇입니다. 지금 이 글을 보고 있는 당신은 무엇입니까?

멈추고 바라보기

바로 지금 이 순간, 모든 무의식적 전제, 믿음, 판단을 멈추어 보십시오. 어디에도 의식의 초점을 두지 말고 그냥 활짝 열어 두어 보십시오. 그냥 존재만 하십시오.

그 텅 비어 있는 의식의 공간 속에서 온갖 변화작용이 일어나고 있습니다. 어떤 의도도 없는데 모든 것이 저절로 알려지고 있습니다.

소리가 들립니다. 그런데 들리는 소리뿐만 아니라 소리가 드러나는 바탕이랄까, 소리의 근원이랄까가 감지됩니다. 미묘하지만 어떤 무엇이 있습니다.

생각을 일으키지 말고 그저 소리에 공명하는 그것을 느껴 보십시오. 그것 자체로 공명하십시오. 스스로 공명하고 있는 의식 자체로 존재하십시오.

어떤 모양도 없지만 분명히 존재하는 무엇을 느껴 보십시오. 대상이 없는 의식 자체가 스스로를 느끼는 기분은 어떨까요? 느껴 보십시오.

지각이 일어나는 텅 빈 배경을 의식해 보십시오. 의식하는 그것이 의식되는 바로 그것임을 보십시오. 찰나의 순간 신비의 문 안으로 들어가십시오.

내가 나를 본다

눈앞의 아무 대상이나 바라보십시오. 우리는 보통 '나'라는 어떤 개체가 '대상'이라는 다른 개체를 본다고 생각합니다. 그게 과연 사실인가요?

보이는 '대상'을 떠나서 보는 '나'를 느낄 수 있습니까? 보이는 '대상'과 보는 '나'는 결코 분리할 수 없는 전체, 한 덩어리 아닙니까?

눈앞의 아무 대상을 세밀하게 바라보십시오. '대상'을 '보고 있다는 그 사실'을 세밀하게 살펴보십시오. 그 '보고 있음' 가운데 '나' 또한 느껴집니다.

억지로 설명하자면 광활한 '보고 있음' 가운데 '나'와 '대상'이 드러나고 있습니다. 그러므로 '나'와 '대상'은 결코 둘이 아닙니다.

'나'도 '보고 있음'이고, '대상'도 '보고 있음'입니다. 다시 말해 '보고 있음'이 '보고 있음'을 보고 있습니다. '나'와 '대상'이 없다면 '보고 있음'도 홀로 있을 수 없습니다.

'나'도 없고 '대상'도 없고 '보고 있음'도 없는 가운데, 또한 '나'도 드러나고 '대상'도 드러나고 '보고 있음'도 드러납니다. 없지만 있고, 있지만 없습니다.

그런 까닭에 아무리 보아도 실제로는 아무것도 본 것이 없는 것입니다. 보이는 것이 아무것도 없어도 실제로는 모두 다 보고 있는 것입니다.

자세히 살펴보고 자세히 살펴보십시오.

소리 없는 소리

외면과 내면의 소음을 둘러싸고 있는 거대한 침묵이 있습니다.

소음은 침묵 속에서 일어났다가 침묵 속으로 사라집니다.
그러나 침묵은 일어난 적도 없고, 사라지지도 않습니다.

소리 없는 소리,
침묵의 소리,
외짝 손이 내는 소리.

바로 지금 모든 소리를 듣고 있는 그것의 소리를 들어 보십시오.

모든 소음을 머금고 있는 허공의 소리라고나 할까요?
바로 지금 여기 이 순간 자체라고나 할까요?

차라리 그 모든 헤아림을 멈추고 그저 존재하십시오.

이 살아 있음,

이 알아차림,

이 여기에 있음…….

오!

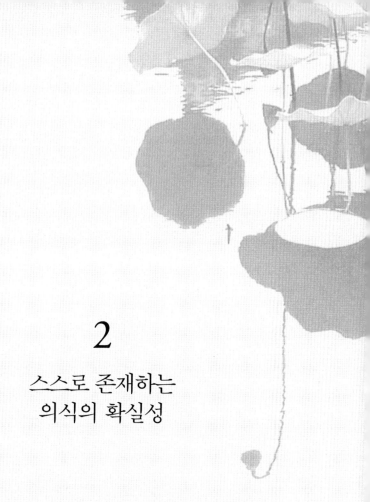

2
스스로 존재하는
의식의 확실성

본래 있었기 때문에, 허망한 주객으로 나뉘어 인식할 때는 없는 줄 착각했던
것입니다. 늘 물속에 있었다면 새삼스레 물이라는 대상을 찾는다는 것이 거
의 불가능한 일인 것과 마찬가지입니다. 너무 당연하고 쉽기 때문에 오히려
불가사의하고 어렵게 느껴질 뿐입니다.

평상심,
존재의 자연스러운 상태

바로 지금 여기 이 순간 이 자리,
나와 세계 전체가 그대로 하나의 마음입니다.

현상 세계 전체의 다른 이름이 마음일 뿐입니다.
모든 상념을 잊어버리고 그저 이 순간 이 자리에 존재하십시오.

아무 특별할 것 없는 이 상태,
상태라고 부를 것도 없는 이것이 평상심입니다.

언제나 그러한 마음입니다.
굳이 말하자면 존재 자체, 존재의 자연스러운 상태일 뿐입니다.

존재는 생각이 아닙니다.
존재하기 위해서 생각할 필요는 없습니다.
존재하기 위해 애쓸 필요는 없습니다.

오히려 모든 추구와 노력이 쉬어질 때

애초부터 존재의 자연스러운 상태 속에 있었음을 깨닫게 됩니다.

너무나 평범하기에 미처 알아차리지 못했던
바로 지금 여기 이 순간 이 자리 눈앞의 진실!

진실로 평범함 속에 놀라운 존재의 신비가 숨겨져 있었습니다.
완전히 공개된 채로 숨겨져 있었습니다.

완전히 공개되어 있었기에 미처 보지 못했습니다.
숨겨져 있지 않았기에 찾을 수 없었습니다.

이것이 그것이었습니다.

늘 펼쳐지고 있는 지금

이것을 어떻게 말로 전달할 수 있을까요?
바로 지금 여기 이 순간 이 자리 눈앞에서 펼쳐지고 있는 이 사실을.

이것을 말로 표현하는 순간,
이것은 곧 이것 아닌 것으로 전락하고 맙니다.

이것을 개념적으로 이해하거나
어떤 특정한 느낌으로 체험하려 하지 마십시오.

그 헛된 노력이 저절로 멈출 때
자연스러운 이해와 체험이 찾아옵니다.

이해하는 자, 체험하는 자도 없고
이해할 것, 체험할 것도 없는 이해와 체험.

날이 갈수록 생각은 고요해집니다.
생각이 고요해지는 만큼 주위의 침묵은 넓어집니다.

생각을 벗어난 명징함이 곧 침묵입니다.
그것이 모든 것을 감싸 안고 있습니다.

시작도 끝도 없는 영원 가운데서
시작도 끝도 없는 꿈을 꾸고 있습니다.

영원한 꿈 가운데는 깨어남마저도 꿈입니다.

아!

이것이 무엇인가

늘 보고 있으면서도 정작 이것은 보지 못하고,
늘 듣고 있으면서도 정작 이것은 듣지 못하고 있습니다.
늘 느끼고 있으면서도 정작 이것은 느끼지 못하고,
늘 알고 있으면서도 정작 이것은 알지 못하고 있습니다.

보이는 것에만 집착하니
보는 자와 보이는 것이 둘 아닌 이것을 보지 못하고,
들리는 것에만 집착하니
듣는 자와 들리는 것이 둘 아닌 이것을 듣지 못하고 있습니다.

느껴지는 것에만 집착하니
느끼는 자와 느껴지는 것이 둘 아닌 이것을 느끼지 못하고,
알려지는 것에만 집착하니
아는 자와 알려지는 것이 둘 아닌 이것을 알지 못하고 있습니다.

보이는 것과 보이지 않는 것이 모두 이렇게 드러나고,
들리는 것과 들리지 않는 것이 모두 이렇게 드러나고 있습니다.

느끼는 것과 느끼지 못하는 것이 모두 이렇게 드러나고,
아는 것과 알지 못하는 것이 모두 이렇게 드러나고 있습니다.

둘도 아니지만 하나조차 아닙니다.
문득 한 생각 일어나는 그 자리가 바로 이것입니다.
어떤 것도 걷어잡을 것이 없는 텅 빈 그 자리,
언제나 떠날 수 없는 바로 지금 여기입니다.

구하려는 생각을 내려놓으니 이미 온 우주에 가득 차 있고,
찾으려는 생각을 내려놓으니 이미 모자람 없이 갖추고 있었습니다.
깨달으려는 생각을 내려놓으니 이미 깨달은 지 오래고,
체험하려는 생각을 내려놓으니 이미 언제나 맛보고 있었습니다.

보이는 것에 속고,
들리는 것에 속고,
느껴지는 것에 속고,
알려지는 것에 속았습니다.

자기가 자기에게 속았습니다.
그 사실을 깨달았을 뿐입니다.
얻을 것도 없고 버릴 것도 없습니다.
언제나 있는 이대로 그대로일 뿐입니다.

텅 빈 각성

사물이 출현하고 변화, 운동, 작용하기 위해서는 공간이 필요합니다. 마찬가지로 지각, 인식이 가능하기 위해서는 그 바탕이 되는 의식 자체가 먼저 있어야 합니다. 어떤 내용도 없는, 순수하고 텅 비어 있는 의식, 각성 (覺性)이 있어야 지각과 인식의 작용이 가능합니다.

물리적 공간을 창조해 낼 수 없는 것처럼, 순수하고 텅 빈 의식, 각성을 만들어 낼 수는 없습니다. 그것은 선험적으로 주어져 있는 것입니다. 사실 실제로 존재하는 것은 순수하고 텅 빈 의식, 각성 자체밖에 없습니다.

다양한 현상 세계는 순수하고 텅 빈 의식, 각성이라는 질료가 다양하게 변형된 형태일 뿐입니다. 우리가 꾸는 꿈처럼 투명한 의식과 각성이라는 질료가 영화처럼 다양한 형태를 띠고 나타나는 것일 뿐입니다.

이미 본래 있는 것, 그것이 순수하고 텅 빈 의식, 각성입니다. 나라는 개체 역시 그 의식과 각성의 변형된 형태, 꿈속의 등장인물일 뿐입니다. 꿈속의 등장인물에 불과한 내가 깨닫는다는 것 역시 꿈속의 사건에 불과합니다.

그런 일이 경험되지만 실제로 그러한 일이 존재하는 것은 아닙니다. 천변만화가 그저 빛에 일렁거리는 그림자의 놀이와 같습니다. 많은 일이 있었지만 어떤 일도 있지 않습니다. 언제나 변함없는 순수하고 텅 빈 의식, 각성뿐입니다.

이것

기쁠 때나 슬플 때나
행복할 때나 불행할 때나
아플 때나 건강할 때나
언제나 변함없이
우리 주위에 머물러 있는 것이 무엇인가요?

그 모든 경계의 변화와
결코 분리되어 있지 않으면서도
제 스스로는 단 한 번도
전면에 드러나지 않은 이것!

우리는 바로 지금 이 순간에도
이것 안에, 이것과 함께,
이것으로 존재하고 있는데,
그 하찮은 생각으로 헤아리는 바람에
이 사실을 깨닫지 못하고 있습니다.

그 모든 헤아림이 벌어지고 있는
이 순간인데도
그 생각에 주의를 빼앗겨
그 생각이 출몰하는 바로 지금 이 자리를
미처 알아차리지 못하고 있습니다.

단 한 번도 이것 밖으로 나가 본 적이 없고,
단 한 번도 이것과 분리된 적이 없고,
단 한 번도 이것이 아니었던 적이 없는데 말입니다!

헛것에 속지 말고 이 눈앞의 진실을 보십시오.

의식-존재

보이는 대상들은 끝없이 변합니다. 특정한 대상을 볼 수도 있고, 보지 못할 수도 있습니다. 그러나 보고 있음 자체는 변함이 없습니다. 보지 못할 때도 보고 있는 것입니다.

들리는 대상들은 끝없이 변합니다. 특정한 소리를 들을 수도 있고, 듣지 못할 수도 있습니다. 그러나 듣고 있음 자체는 변함이 없습니다. 듣지 못할 때도 듣고 있는 것입니다.

느끼는 대상들은 끝없이 변합니다. 특정한 대상을 느낄 수도 있고, 느끼지 못할 수도 있습니다. 그러나 느끼고 있음 자체는 변함이 없습니다. 느끼지 못할 때도 느끼고 있는 것입니다.

아는 대상들은 끝없이 변합니다. 특정한 대상을 알 수도 있고, 알지 못할 수도 있습니다. 그러나 알고 있음 자체는 변함이 없습니다. 알지 못할 때도 알고 있는 것입니다.

보고 있음 자체가 듣고 있음 자체이며, 느끼고 있음 자체이자 알고 있음 자체입니다. 보고 듣고 느끼고 아는 것은 모두 동일한 의식 작용입니다. 그 의식 작용 자체가 바로 존재입니다.

존재함(Be-ing)은 곧 보고 있음(See-ing), 듣고 있음(Hear-ing), 느끼고 있음(Sense-ing), 알고 있음(Know-ing)입니다. 존재는 의식의 현재 진행형(-ing)일 뿐입니다.

주의를 보고 있음 자체에, 듣고 있음 자체에, 느끼고 있음 자체에, 알고 있음 자체에 두어 보십시오. 아무 특별한 것을 보지도 못하고, 듣지도 못하고, 느끼지도 못하고, 알지도 못할 것입니다.

그러나 그렇게 투명하게 텅 빈 보고 있음 자체, 듣고 있음 자체, 느끼고 있음 자체, 알고 있음 자체를 문득 깨달을 수는 있을 것입니다. 아무 내용 없는 의식 자체, 아무 실체 없는 존재 자체를 깨달을 수 있을 것입니다.

지각의 성품

당신은 당신의 육체입니까?
아니면, 육체를 지각하는 무엇입니까?

당신은 당신의 감각입니까?
아니면, 감각을 지각하는 무엇입니까?

당신은 당신의 감정입니까?
아니면, 감정을 지각하는 무엇입니까?

당신은 당신의 생각입니까?
아니면, 생각을 지각하는 무엇입니까?

바로 지금 이 순간 진실로 존재하는 것은 무엇입니까?

당신의 육체보다, 감각보다, 감정보다, 생각보다 먼저 이미 존재하고
있는 것은 무엇입니까?

그것을 지각의 성품 자체, 아무 실체도 없고, 특별한 느낌도 아니고, 어떤 감정이나 생각에 물들지 않는 순수한 앎의 성품 자체라고 이름할 수 있지 않을까요?

너무나 자연스럽고 당연하게 존재하는 것, 그래서 이 지각, 앎의 성품을 존재 자체라 불러도 상관없지 않을까요?

어떤 생각도 이 자연스러운 지각의 성품, 이 존재에서 나오는 것이므로 생각을 통해 이것을 아는 것은 애초부터 불가능한 임무였지 않았을까요?

생각을 일으켜 이것을 분별하려 하면 이미 어긋나 버리기에, 오히려 생각이 자연스럽게 멈출 때 문득 확인되는 무엇이 아닐까요?

바로 지금 이 순간 그대 눈앞에 펼쳐진 모든 모양의 세계, 분별의 세계, 그대의 내면과 외면, 이 시공간 전체가 바로 그것이 아닐까요?

자, 어떻습니까?

무념무상

무념무상(無念無想), 곧 생각 없음의 상태는 모든 생각을 제거한 뒤에 얻게 되는 상태가 아닙니다. 그것이야말로 생각의 소산, 또 다른 거대한 생각에 지나지 않습니다.

생각 없음은 생각이라는 현상이 사실은 아무런 실체가 없다는 사실을 꿰뚫어 볼 수 있을 때 깨닫게 되는 진실입니다. 온갖 생각이 일어나는 바로 그 자리가 생각 없음, 무념무상의 상태입니다.

생각의 내용물에 가 있던 시선이 모든 생각을 허용하는 공간, 생각이 출몰하는 바로 지금 이 자리에 맞춰질 때 우리의 본래 상태가 무념무상, 생각 없음이었다는 사실을 자각하게 됩니다.

그럴 때 모든 현상의 배후에 존재하는 거대한 침묵, 깨지지 않는 고요를 음미하게 됩니다. 출입이 없는 선정(禪定), 모양이 없는 본연의 삼매를 경험하게 됩니다. 그 침묵과 고요, 삼매가 그대로 항상 밝아 있는 자각의 성품 자체입니다. 적멸한 우주 허공 가운데 스스로 불타며 모든 것을 밝히고 있는 태양과 같은 성품이 우리 고유의 성품입니다.

바로 지금 눈앞이 그대로 성성적적(惺惺寂寂)[2]하고 평상무사(平常無事)[3]한 본래 마음입니다. 이 마음이 바로 부처입니다. 이 마음이 바로 우리의 본래면목입니다. 이 마음이 진실한 자기 자신입니다. 이미 스스로가 이 마음이기에 다시 이 마음을 알거나 얻을 수 없습니다. 이것이 마음 없는 마음(無心是唯心)이요, 나 없는 나(無我是眞我)입니다.

---

2 의식이 맑게 깨어 있으면서도 고요한 상태.

3 번뇌나 망념의 걸림이 없는 상태.

평범함의 신비

어떤 운동과 변화가 벌어지려면 그 이전에 그러한 운동과 변화가 가능한 공간이 먼저 있어야 합니다.

마찬가지로, 바로 지금 이 순간 어떤 인식 작용이 일어나고 있다면 그보다 먼저 그러한 인식 작용이 가능한 의식의 공간, 의식의 장(場)이 먼저 있어야 합니다.

어떤 느낌을 느껴 보십시오. 느낌은 어느 순간 일어났다가, 잠시 유지되다가, 어느새 사라집니다. 그러나 그 느낌이 작용하던 의식의 공간은 나타난 적도 사라진 적도 없습니다.

그것은 늘 변함없이 바로 지금 여기 이 순간에 존재합니다. 의식의 공간이 바로 존재 자체입니다. 따라서 그것을 하나의 대상으로 파악할 수는 없습니다.

알 수는 없지만 늘 존재하는 이것이 바로 의식의 공간, 말하자면 우리의 본성, 참나입니다.

그것은 지극히 평범한 '내가 있다'라는 느낌의 근원입니다. '나'도 '있다'도 막연한 추상적 개념일 뿐이지만, 그것들이 의지하고 있는 존재의 느낌이 있습니다.

살아 있음, 깨어 있음, 알아차림, 고요함, 텅 비어 있음 등등 이 의식의 공간, 존재 자체를 묘사하는 수많은 말들이 있지만, 그것은 특별한 것이 아닌 바로 지금 눈앞에 펼쳐진 평범한 존재의 느낌입니다.

모든 것은 이미 선험적으로 주어져 있는 이 평범함과 이 자연스러움에서 비롯되었습니다. 이것이 모든 운동과 변화의 근원이자 본질입니다.

이것이 우리가 출발하기도 전에 도달해 있는 장소, 바로 지금 여기 이 순간입니다. 그러므로 이것은 어떠한 노력을 통해 성취하거나 달성할 수 없습니다.

이 평범함이야말로 진실로 비범한 것입니다.

시간과 시간 없음

당신은 과거를 경험한 적이 있습니까?
예를 들어 어제를 경험한 적이 있습니까?

황당한 질문이죠? 그렇지만 진지하게 스스로 살펴보세요.
나는 어제를 경험했는가?

아마 어제의 경험, 어제의 기억이 떠오를 것입니다.
그런데 그것이 어제의 경험인가요?

경험의 내용, 기억의 줄거리는 과거의 형태를 취하고 있지만
그것은 바로 지금 이 순간 경험하고 있는 것입니다.

모든 경험은 바로 지금 이 순간에 합니다.
따라서 과거를 경험할 수는 없습니다.

그렇다면 바로 지금 이 순간 현재를 경험할 수 있습니까?

예를 들어 '내 왼쪽 발가락이 간지럽다'라는 경험을 했다면,
그것은 바로 지금 이 순간 현재의 경험이 아니라
이미 지나간 과거의 경험입니다.

경험 자체는 바로 지금 이 순간 일어나지만
그것이 경험의 구체적 모양, 내용을 갖는 순간 과거가 되어 버립니다.

바로 지금 이 순간에서 경험이 일어나지만
바로 지금 이 순간 자체를 경험할 수는 없습니다.

바로 지금 이 순간이 경험하는 자이고
나머지는 모두 경험되는 것들입니다.

경험하는 자인 바로 지금 이 순간을 경험할 수는 없습니다.

경험하는 자인 바로 지금 이 순간은 시간 없음입니다.
그러므로 아무런 경험의 내용이 없습니다.

시간이 없는, 시간이 아닌, 바로 지금 이 순간에
과거, 현재, 미래의 모든 시간, 모든 경험을 합니다.

영원 가운데 무상한 시간의 흐름을 경험합니다.
아무리 경험을 해도 아무런 경험도 한 적이 없습니다.

대상 없는 의식

우리의 의식은 대부분 어떤 대상에 대한 의식, 상대적 의식입니다. 그것을 흔히 분별심이라 이름합니다. 대상이 있는 의식, 상대적 의식, 분별심은 아는 자와 아는 대상, 주관과 객관의 이원성에 기반하고 있습니다.

우리가 무엇을 아는 순간, 자연스럽게 아는 자와 아는 대상, 주관과 객관의 분리가 일어납니다. 그러나 이러한 분별은 착각과 미망에 불과합니다. 사실은 아는 자도 없고, 아는 대상도 없고, 앎 자체도 없습니다. 그 모든 분별 망상은 의식의 작용, 의식의 유희에 불과합니다.

엄밀히 말한다면, 의식마저 없다고 할 수 있습니다. 왜냐하면 이 모든 설명이 모두 분별에서 나온 것이기 때문입니다. 이분법적, 상대적 분리 없이는 어떤 생각도 일으킬 수 없습니다. 모든 앎은 대상에 대한 앎에 불과합니다. 대상이 없는 앎 자체는 알 수 없습니다.

어쩔 수 없이 분별하여 말하자면, 대상이 없는 의식, 앎의 내용이 없는 앎 자체가 바로 그것입니다. 그러나 그것 자체는 결코 의식의 대상, 앎의 내용이 될 수 없습니다. 그래서 모든 가르침의 전통에서 말할 수 없다, 생각할 수 없다, 알 수 없다, 모를 뿐이다, 한 것입니다.

그러나 그러한 가르침 역시 의식과 앎의 흔적이 남아 있습니다.

말과 생각으로 가 닿을 수 없는 곳을 몸소 친히 가 보아야만 합니다. 체험한다, 맛을 본다, 일견한다는 말로 가리키는 바를 스스로 경험하여 깨달아야만 합니다. 알지 못함으로 가득 찬 의식이 스스로 연소되어 말끔히 사라지는 것처럼 질적인 비약, 초월이 일어나야 합니다.

그 순간, 바로 지금 여기 이 자리 이것이 바로 그것이었음을 비로소 깨달을 것입니다. 어이없는 웃음을 지으며 스스로가 언제나 텅 비어 있는 의식, 결코 대상이 아닌 의식 자체라는 사실에 사무치게 될 것입니다. 온 우주에 활연관통하여 다른 물건이 없다는 사실을 진정 의심하지 않을 것입니다.

스스로 존재하는
의식의 확실성

이원적 사고방식, 즉 분별심을 가지고는 이 비이원적인 사실, 둘 아닌 진실을 깨달을 수 없습니다. 애초에 불가능한 일입니다.

이원적 사고방식, 분별심의 메커니즘은 기본적으로 주관과 객관, 주체와 대상의 분리를 전제하고 있습니다.

그러한 분리로 말미암아 있다/없다, 안다/모른다, 옳다/그르다 등의 상대적 차별, 다양한 현상에 대한 인식과 판단이 가능합니다.

우리는 이러한 이원적 사고방식, 분별심의 결과물을 이른바 '현실', '사실', '실재'로 착각하고 있습니다.

그러나 비이원적 관점, 깨달음의 안목은 전혀 그렇지 않습니다. 이원적 사고방식, 분별심과 그 결과물은 마치 꿈이나 환상, 최면과 같은 착각에 지나지 않습니다.

주관을 떠난 객관, 대상이 없는 주체는 없습니다. 그 둘은 개별적으로 존재하는 듯 보이지만 사실 둘이 아닌 하나입니다.

주관과 객관, 주체와 대상으로 분리되어 있는 듯 보이지만 사실 어떠한 분리도 없고, 따라서 분리를 전제로 한 어떤 인식, 판단, 분별, 운동, 변화는 거짓입니다.

이원적 관점, 분별심을 벗어나지 못한 사람들은 도무지 이해할 수 없는 이야기입니다. 그렇습니다. 이해로는 이 한계를 극복할 수가 없습니다.

마치 태어날 때부터 눈이 먼 이에게 노란색을 말로 설명하는 것과 같은 답답함, 안타까움이 있습니다. 스스로 눈을 떠서 보기 전까지 어떤 설명도 그를 만족시킬 수는 없습니다.

사실 비이원적 실재, 둘 아닌 진실은 어디에도 의지함 없이 스스로 존재하는 바로 이 의식, 이 생명, 이 살아 있음의 실재성, 확실성에 다름 아닙니다.

어떤 분별되는 현상, 인식, 해석, 판단도 이것을 벗어나 있지 않습니다. 어떤 분별의 내용에도 주의를 기울이지 않으면 늘 있는 그대로의 의식, 아무런 내용은 없지만 분명히 스스로 밝아 있는 존재 자체가 있습니다.

그러나 바로 그 자리에는 그것을 분별하여 알 주체도, 그 주체가 알아차릴 대상도, 그 둘 사이에 벌어지는 앎도 없습니다. 그러므로 억지로 말로 하자면, 오직 모를 뿐입니다.

진정한 모름은 모른다는 사실마저 모르는 완전한 모름입니다. 완전한 침묵입니다. 그러나 그 침묵 스스로가 밝게 비추고 있습니다.

바로 지금 이렇게!

잠과 깸, 삶과 죽음

우리가 태어났다는 것도 하나의 생각입니다. 우리는 태어남을 경험해 본 적이 없습니다. 가만히 살펴보면 '내가 언제 태어났다'는 것은 생각의 소산일 뿐 전혀 진실이 아닙니다. 문제는 이 믿을 수 없는 생각이 모든 판단의 기준이라는 점입니다. 불확실한 생각을 믿을 때 우리는 분명히 존재하며 일정 시공간 속에서 태어났다가 죽어야만 하는 필멸의 존재입니다.

그러나 과연 그런가요?

오늘 아침 잠에서 깨어나기 이전에 당신은 존재했었습니까? 이 세상이 존재했었나요? 잠 속의 완전한 무지 속에 있을 때는 '내가 있다/없다' 따위의 어떤 분별도 불가능합니다. 그런데 어떤 일이 일어난 것인가요? 정말 오늘 아침 '나'가 잠에서 깨어난 것인가요? 정확히 알 수 없지만 '나'를 포함한 모든 것이 동시에 깨어난 것이 아닌가요? 우리의 모든 경험은 이 깨어 있는 의식 상태에서만 의미를 가질 뿐입니다.

오늘 밤 잠이 들 때 무슨 일이 벌어질까요? 나는 내가 잠 속으로 빠져드는 것을 알 수 있을까요? 잠과 깸의 경계선을 확실히 알 수 있을까요? 그것은 봄과 여름, 가을과 겨울의 경계선을 나누려는 시도와 마찬가지로 무의미한 것입니다. '나'를 포함한 이 '세계'는 절대적인 무(無) 속에서 꿈과 같이 나타났다가 사라집니다. '나'와 '세계'의 확실성은 다름 아닌 깨어 있는 의식의 확실성의 반영일 뿐입니다.

'나'와 '세계'는 그저 하나의 의식, 지속되는 것처럼 분별되는 생각입니다.

생각 없음에서 생각이 생멸합니다. 생각이 사실은 생각 없음의 반영임을 볼 수 있어야 생각에 속지 않습니다. 모든 모양들이 모양이 아니라는 사실을 깨쳐야 합니다. 어젯밤 꿈속의 모든 일들이 허망한 꿈, 의식 위에 드러난 이미지에 불과하듯, 지금 깨어 있는 상태에서 겪는 모든 일들 역시 의식 위에 드러난 이미지들입니다. 잡을 수도 없고 버릴 수도 없습니다.

저절로 깨어나고 저절로 잠듭니다. 내 의지와 상관없이 태어나고 내 의지와 상관없이 죽습니다. 그러나 깨어나기 전, 태어나기 이전에는 무엇이 있었을까요? 잠들고 나면, 죽고 나면 무엇이 있을까요? 알 수 없고 알 필요도 없습니다. 그 모든 것 역시 바로 지금 이 의식 위에 비춰진 생각일 뿐입니다. 그저 존재하십시오. 모든 분별이 쉬어질 때 진정한 안식이 찾아올 것입니다.

저절로 그리 될 뿐 다른 일이 있는 게 아닙니다.

늘 있었고
언제나 알고 있던 것

생멸하지 않는 것은 생각의 대상이 되지 않습니다. 본래부터 늘 있던 것은 마치 없는 것처럼 인식됩니다. 언제나 알고 있던 것은 새롭게 알 것이 없어 오히려 모른다고 착각합니다.

바로 이 일이 그렇습니다.

늘 있었고 언제나 알았기 때문에 도리어 없다고, 모른다고 생각합니다. 스스로가 스스로에게 미혹된 것입니다. 이것을 일러 어리석음, 밝지 못함이라 합니다. 깨달음은 이 실수를 돌아보는 계기입니다.

새롭게 어떤 것을 알게 되는 것이 아니라 늘 있던 것을 새삼 깨닫는 것입니다. 너무나 당연한 사실을 확인하는 순간 헛웃음이 날 수도 있습니다.

아무것도 아니지만 이것을 깨닫지 못하면 끝없이 생멸하는 생각에 속아 흔들릴 수밖에 없습니다. 생각의 생멸에 상관없이 변함없는 것을 확인해야만 마음의 안정과 삶의 지혜를 얻게 됩니다. 있는 그대로 눈앞의 진실이 바로 그것입니다.

깨달음은 본래 있다

깨달음은 본래 있습니다. 그런데 여기서 '있다'는 말은 '있다/없다' 가운데의 '있다'가 아닙니다. '있다/없다'라는 상대적 분별 이전은 있는 것도 아니고, 없는 것도 아닙니다. 그것을 마지못해 '있다'라는 말로 표현할 뿐입니다.

깨달음은 비이원적 상태, 온 우주가 한 덩어리로 합일되어 있는 것을 가리키는 말입니다. 그것을 다른 말로 성성적적, 공적영지(空寂靈智)라 일컬을 수 있습니다. 깨어 있는데 고요하고, 고요한데 신령스럽게 아는 능력이 곧 둘 아닌 하나의 상태, 깨달음입니다.

우리의 분별적 의식, 상대적 앎은 반드시 인식하는 자와 인식되는 대상으로 나뉘어 있습니다. 그래서 우리가 보통 '안다/모른다' 할 때는 어떠한 인식 대상에 대한 앎 또는 모름을 이야기하는 것입니다. 반드시 어떤 대상에 대해 알거나 모르는 것입니다.

그러나 깨달음, 성성적적하고 공적영지한 본래의 마음이란 그러한 상대적, 대상적 인식이 아닙니다. 오히려 대상이 없는 순수한 자각, 의식 자체에 대한 의식이라 설명할 수 있습니다. 이 성성적적하고 공적영지한 의식을 대상화하지 않고 체험하는 것을 계합이라 합니다.

분별적 의식 상태에서는 깨달음을 하나의 인식 대상으로 파악하려 하기 때문에 분리감을 극복하지 못합니다. 이해는 하는데 스스로 그 분리감을 극복하지 못하는 답답함과 불편함이 있습니다. 그러므로 주객을 나누어 인식하는 분별적 인식의 습관에서 한번 벗어나야 합니다.

손가락을 들어 보일 때, 손가락을 들어 보인다는 인식은 분별적 인식입니다. 그러나 그러한 인식 이전에 그러한 인식이 가능한 공간, 의식 자체가 이미 있었습니다. 책상을 탁! 칠 때, 그 소리에 대한 분별적 인식의 배후에 이미 어떤 분별도 용납하지 않으면서 모든 분별을 허용하는 의식 자체가 있습니다.

본래 있었기 때문에, 허망한 주객으로 나뉘어 인식할 때는 없는 줄 착각했던 것입니다. 늘 물속에 있었다면 새삼스레 물이라는 대상을 찾는다는 것이 거의 불가능한 일인 것과 마찬가지입니다. 너무 당연하고 쉽기 때문에 오히려 불가사의하고 어렵게 느껴질 뿐입니다.

바로 지금 눈앞에 엄연히 있는 것 말입니다.

공적영지

보조가 말한 '공적영지(空寂靈知)'에서 '공적'이란 텅 비고 고요한 경계를 가리키는 것이 아닙니다. 둘 없는 하나의 바탕을 억지로 이름한 것이 공적입니다. '영지'란 분별적 앎을 말하는 것이 아닙니다. 대상 없는 앎, 깨어 있는 의식 자체를 영지라 이름한 것일 뿐입니다. 공적은 정(定)이요, 영지는 혜(慧)입니다. 공적은 묵(默)이요, 영지는 조(照)입니다. 공적은 살(殺)[4]이요, 영지는 활(活)[5]입니다.

우리가 찾는 본래 마음, 깨달음의 마음은 애써 구할 필요 없이 이미 갖추어져 있는 자각의 성품입니다. Awareness(알아차림, 자각)는 곧 Presence(현존, 여기 있음) 자체입니다. 의식이 존재 자체이고, 존재가 의식 자체입니다. 너무나 당연하게 지금 여기 이렇게 작용하고 있는 평상의 마음이 깨달음의 성품입니다. 이미 완벽하게 주어져 있기에 바깥에서 따로 구하거나 찾을 필요가 없습니다. 본래 무소득, 얻을 바 없는 것입니다.

바로 지금 '알겠다/모르겠다' 하고 있는 그 생각의 출처를 보십시오. 딱

---

4 모든 차별이 사라진 절대평등.

5 의식의 활발발한 작용.

히 어디라고 할 수 없고 이것이 출처라고 할 수 없지만, 이런 생각과 저런 생각이 끊임없이 일어났다 사라집니다. 없지는 않지만 그렇다고 있다고 하기도 어려운 그 무엇이 살아 있습니다. 그것을 대상화하여 파악하려는 헛된 시도가 멈추는 순간, 그것이 전체, 둘 없는 하나, 공적하지만 신령스럽게 아는 한 물건임을 자각하게 됩니다.

바로 지금 또렷하게 깨어 있음, 생생하게 살아 있음, 존재하고 있음, 대상 없는 알아차림, 한량없는 인식의 장(場), 의식 공간, 이 순간 작용하고 있는 의식 자체입니다. 바로 지금 나까지 포함한 온 존재가 바로 그것입니다. 감각으로 지각되는 모든 것들이 실제로는 모양 없는 이것의 현현입니다. 보는 자가 보는 대상이자 봄 자체입니다. 현상적으로 드러난 온갖 변화와 작용은 꿈같고 환상 같은 것일 뿐입니다.

불생불멸

어떤 것이 생겨났다가 사라진다는 것은 허망한 분별입니다. 생겨나도 생겨나는 게 아니고, 사라져도 사라지는 게 아닙니다. 생겨나도 생겨나지 않는 것이 있고, 사라져도 사라지지 않는 것이 있습니다.

바깥의 대상, 모양을 좇게 되면 생멸이 있습니다. 그러나 그러한 생멸의 원점, 그러한 생멸이 일어나는 자리에는 생멸이 없습니다. 언제나 변함없는 자리에서 끊임없는 생멸을 지켜보고 있습니다.

생멸이 일어나는 자리, 생멸이 일어나는 배경은 생겨난 것도 아니고 사라지는 것도 아닙니다. 그것은 생멸과 맞서 있지 않습니다. 생멸하지 않는 것이 생멸하는 모양으로 드러나고 있을 뿐입니다.

생멸하는 모양을 좇던 시선이 모양 없는 생멸 그 자체, 그 배경으로 옮겨질 때 인식의 전환이 찾아옵니다. 허공이 모든 사물을 포용하듯, 일체의 현상에 집착하거나 거스름이 없게 됩니다.

허망한 분별을 쉬고 사물과의 대립을 뛰어넘어 분열이 없는 것을 일러 그윽하게 머문다, 머문 바 없이 머문다고 하는 것입니다. 생겨남과 사라짐이 없는 자리에서 끝없이 이어지는 생멸의 흐름을 고요하게 지켜보는 것입니다.

니사르가다타 마하라지(1897~1981)는 이렇게 말했습니다. "내가 아무것도 아니라는 사실을 보게 되면 이것이 바로 지혜입니다. 내가 모든 것이라는 사실을 보게 되면 이것이 바로 사랑입니다. 이 두 언덕 사이로 나의 삶은 흘러갑니다."

환상과 실재

우리가 실재라 믿어 의심치 않는 나와 세계는 환상과 같습니다. 존재하지만 존재하지 않는 것입니다. 모든 것이 실재인 것처럼 보이는 것은 상대적 분별로 인한 인식 작용의 착각 때문입니다.

예를 들어 "내가 사과를 본다."고 할 때, '나'는 '사과를 보는 것'으로 인해 존재가 증명되고, '사과'는 '나에게 보이는 것'으로 존재가 증명됩니다. 즉, '나'는 '나 아닌 것(사과)'에 존재의 근거가 있고, '사과'는 '사과 아닌 것(나)'에 존재의 근거가 있는 셈입니다. 어떤 것도 제 스스로 독자적 존재의 근거를 갖고 있지 못한 셈입니다. 이것이 연기(緣起)이며, 만법이 모두 공(空)인 이치입니다.

모든 현상의 인식 밑바탕에는 상호 대립하는 두 가지 속성이 자리하고 있습니다. 주관/객관, 있음/없음, 좋음/싫음, 선/악, 참/거짓 등등. 마치 컴퓨터가 1과 0이라는 단순한 이진법으로 정교한 가상현실을 창조할 수 있는 것처럼, 이 단순한 상호 대립적 속성들에서 우리가 믿어 의심치 않는 현상 세계의 실재성, 현실감이 창조되는 것입니다.

그러나 그 모든 상호 대립적 속성들은 실제로 자기 고유의 속성(我)이 없는, 것(thing) 아닌 것입니다. 있지만 없고, 없지만 있습니다. 공중누각과 같은 신기루입니다. 오히려 그러한 환상이 벌어지는 허공이야말로 진정한 실재라 할 수 있습니다. 주관도 객관도, 있음도 없음도, 좋음도 싫음도, 선도 악도, 참도 거짓도, 허공처럼 텅 비어 있으나 살아 있는 '무엇' 위에 드러난 분별적 인식, 이미지에 불과합니다.

일체의 현상이 모두 환상 같은 이미지임을 깨달을 때, 환상 같은 일체의 현상이 그대로 실재가 됩니다. 주관이든 객관이든, 있음이든 없음이든, 좋음이든 싫음이든, 선이든 악이든, 참이든 거짓이든, 그 이미지, 분별되는 모양에 속지 않으면 모두가 텅 비어 있으나 살아 있는 '무엇'입니다. 드러난 현상을 떠나 다시 따로 실재가 존재하지 않습니다. 따로 실재가 존재한다면 그 실재가 또 다른 환상이 됩니다.

우리가 실재라 믿는 나와 세계는 환상과 같습니다. 그것이 환상과 같다는 사실을 사무쳐 깨달으면, 그 환상이 그대로 진정한 실재입니다. 실재와 환상이 따로 있는 줄 아는 것이 환상을 실재로 아는 것이고, 실재가 그대로 환상이고 환상이 그대로 실재임을 아는 것이 그 두 가지 분별에서 벗어나 환상 속에서 실재를 살고, 실재 속에서 환상을 굴리는 자유를 얻은 것입니다.

마음은 없다

'마음'이라 일컬으면 그 말에 해당하는 '무엇'이 있는 줄 알기 십상입니다. 보통 '마음'이라는 대상을 자신의 '느낌'이나 '감정', '생각'과 동일시하는 경우가 많습니다. '마음이 아프다', '마음이 무겁다', '마음이 우울하다', '마음이 복잡하다'라는 일상의 용례를 살펴봐도 그렇습니다. 그리고 그러한 '마음'을 자신의 정체성으로 삼을 때 또 다른 복잡한 '마음'의 문제들이 발생합니다.

'마음'이라는 말로 가리키려는 바는 결코 우리의 '느낌', '감정', '생각' 따위가 아닙니다. 또한 그것은 '나'라는 주체감이나, 그러한 주체가 경험하는 정신적 작용에만 국한되는 것도 아닙니다. '마음'이라는 말로 가리키는 것은 그 모두를 포함하면서도 그 어느 것도 아닌 것입니다. 비유하자면, 내가 사과를 갖고 있다고 해서 내가 사과 자체가 아니듯이, 느낌, 감정, 생각들을 가지고 있다고 해서 '마음'이 곧 그것들인 것은 아닙니다.

사과는 있을 때도 있고 없을 때도 있듯이, 느낌, 감정, 생각들은 있을 때도 있고 없을 때도 있습니다. 즉 그것들은 생주이멸(生住異滅)[6], 무상하게

---
6 모든 사물이 생기고, 머물고, 변화하고, 소멸하는 네 가지 모양

변화하는 것입니다. 사과의 유무에 의해 내 존재가 영향 받지 않듯, 느낌, 감정, 생각들의 유무에 영향 받지 않는 것이 바로 진정한 나인 '마음'입니다. 그 '마음'은 결코 있다가 없거나, 없다가 있는 대상일 수 없습니다. 그것은 없지만 늘 있는 것이고, 있지만 늘 없는 것입니다.

바로 지금 어떤 느낌도, 어떤 감정도, 어떤 생각도 갖지 않고 그저 존재한다면 아무것도 남아 있지 않은 것입니까? 어떠한 의식적 대상에도 주의를 기울이지 않아도 성성하게 깨어 있는 의식 자체가 있지 않습니까? 어떤 내용도 담고 있지 않지만 죽은 것은 아닌 살아 있는 의식 자체가 바로 '마음'입니다. 모든 느낌, 모든 감정, 모든 생각의 배후에 그것들과 하나로 있지만 결코 그것들에 물들지 않는 허공 같은 무엇이 '마음'입니다.

나를 사과와 동일시하여 사과의 유무가 자신의 유무로 착각하는 것은 정신병이므로 적절한 처방을 받아 약을 먹어야 합니다. 그러나 사과의 유무와 관계없이 자신은 늘 있는 그대로 존재한다는 사실을 알면 따로 약을 먹을 필요가 없습니다. '마음'이라는 대상이 따로 있어서 그것의 변화를 예측할 수 없다고 한다면 '마음'을 닦고 비우고 가다듬어야만 할 것입니다. 그러나 '마음'이 '마음'이랄 것이 없음을 안다면 잘못된 동일시로 인한 문제가 사라집니다.

위대한 선사 황벽(黃蘗, ?~850)은 이렇게 말했습니다.
"부처님께서 설하신 일체의 법은 내 일체의 마음을 제도하기 위함이다. 나에게 일체의 마음이 없으니, 일체의 법이 무슨 소용인가?"

범부와 성현

바로 지금 여기 있는 그대로의 나를 부정하고 스스로를 작고 보잘것없고 모자란 범부(凡夫)라 여긴다면, 바로 지금 여기 있지도 않은 성현(聖賢)과 자기와는 다른 그들의 경지가 따로 있게 됩니다. 그 부정, 그 탐욕, 그 어리석음이 온전히 하나였던 자기 자신을 분열시켜 끝없이 비교하고 판단하고 시비를 일으켜 결코 만족스럽지 못하게 됩니다.

일단 나와 저 사람, 중생과 부처, 범부와 성현, 부정과 긍정으로 나뉘면 한 곳에서 다른 곳, 한 상태에서 다른 상태로 옮겨가려는 움직임이 반드시 일어납니다. 그 움직임은 끝없이 시간과 노력을 요구하며 목마른 사람이 바닷물을 들이키듯, 다람쥐가 쳇바퀴를 돌 듯, 도저히 채워지지 않고 좁혀지지 않는 분리감과 거리감을 만듭니다.

그러나 진리로 나아가는 길은 전혀 엉뚱한 곳에 있습니다. 범부에서 성현으로 나아가는 곳에 진리의 길이 있는 것이 아니라, 범부가 범부 자신에게 돌아가는 곳에 그 길이 있습니다. 자기가 자기로 돌아가는 길은 얼마나 멀까요? 자기가 자기로 돌아가는 데에는 얼마나 많은 시간이 걸릴까요? 자기가 자기로 돌아가는 길이 있을 수는 있을까요?

바로 지금 이 순간 당신 자신은 어디 있습니까?

그곳에 도달하는 데 얼마만큼의 시간이 걸립니까? 한 발자국이라도 옮겨야 합니까? 과거의 생각도 내려놓고, 미래의 생각도 일으키지 말고, 아무 생각 없이 바로 지금 그저 존재만 해 보십시오. 어떤 생각도 없는 바로 그 순간, 어떤 판단도 없이 존재하는 그 순간에 가만히 있어 보십시오.

어떠한 대상에 사로잡히지 않은, 텅 비었으나 생생하게 살아 있는 의식이 있지 않습니까?

보이고 들리고 느껴지고 알아지지만, 그러한 견문각지의 내용에 물들지 않는 순수한 의식, 텅 빈 각성의 상태가 우리의 본래면목, 본성입니다. 결코 그것을 대상화하여 알 수는 없습니다. 알 수는 없지만 이미 이렇게 있습니다. 의식은 곧 존재입니다. 존재는 만들어 낼 수도, 얻어 올 수도 없습니다.

바로 지금 보이고 들리고 느껴지고 알아지는 순간순간이 모두 존재입니다. 모두가 의식입니다. 모두가 마음입니다. 따라서 존재도 없고, 의식도 없고, 마음도 없는 것입니다. 그래도 모든 것이 이렇게 살아 있지 않습니까? 생각을 쉬고 의도를 내려놓고 그저 존재하는 이 단순함, 그것이 도(道)입니다.

바로 이 자리

마음공부를 함에 있어 가장 큰 어려움은 기존의 우리 상식과는 전혀 반대되는 곳에 길이 있다는 점입니다. 마음을 얻으려 하고 깨달으려 하면 오히려 얻지 못하고 깨닫지 못합니다. 마음을 알려 하고 잡으려 하면 오히려 알 수 없고 잡을 수 없습니다. 그 모든 의도와 추구를 쉬고 마음이라는 말, 깨달음이라는 생각을 내려놓을 때, 이미 스스로가 마음 자체이고 깨달음이 원만히 이루어져 있다는 자각이 옵니다.

말과 생각에 사로잡히기 이전의 천진하고 자연스러운 상태로 돌아가는 길은 정해진 길이 없는 길입니다. 우리 인식의 유일한 수단인 분별심은 이 막막한 길, 앞뒤가 끊어진 길 앞에서 망연자실할 뿐입니다. 그것이 바로 이 공부 길에 제대로 들어섰다는 증거입니다. 스스로 익혀 왔던 모든 기량이 도저히 손쓸 수 없는 곳에서 내면의 막막함이 자기 자신을 삼켜 버리는 순간, 몸과 마음이라는 한계를 문득 초월합니다.

자기가 다시 자기가 되는 길은 없습니다. 이미 있는 곳에 다시 도달하는 방법은 없습니다. 아무 근거 없이 일어나는 허망한 생각을 자신이라 착각하는 순간, 나와 나 아닌 것이라는 분별이 일어나 그 사이에서 갈등이 빚

113

어집니다. 모든 인식되고 분별되는 것 이전에 있는 엄연한 존재 자체, 텅 빈 의식의 바탕이라 할 만한 것을 다시 분별로써 알 수는 없습니다. 오직 모르는 그곳에서 몸과 마음을 한 번 잃어야 합니다.

스스로 의지하던 모든 것을 홀연히 잃는 순간, 전체를 얻게 됩니다. 완전히 모르게 될 때 모든 것을 알게 됩니다. 자기가 자기로 돌아오고, 마음이 마음에 계합하는 순간, 분리가 사라지고 분열이 치유됩니다. 온 천하가 한 덩어리를 이루어 조금의 흔들림조차 없게 됩니다. 깨어지지 않는 금강(金剛) 같은 선정 속에서 늘 밝은 지혜의 빛이 빛나게 됩니다.

참된 나는 언제나 있던 그 자리에 늘 있었습니다. 바로 지금 여기 이 자리입니다. 여기 이 자리라는 일정한 장소가 없는 자리가 바로 여기 이 자리입니다. 이! 자! 리! 바로 이것입니다. 아무 의도도 없고 생각할 필요조차 없기에, 일체의 마음이 없습니다. 일체의 마음이 없으니 일체의 행위가 끊어집니다. 치성했던 업(業)[7]의 불길이 한순간 꺼질 때, 이 자리가 그대로 적멸보궁(寂滅寶宮)[8]입니다.

『선문염송』 제1칙에 다음과 같은 공안이 있습니다.
"세존께서 도솔천을 떠나시기 전에 이미 왕궁에 태어나셨으며, 어머니의 태에서 나오기 전에 이미 사람들을 제도하셨다."

---

7 몸, 입, 마음으로 짓는 행위와 말과 생각. 행위와 말과 생각이 남기는 잠재력. 과보를 초래하는 잠재력.
8 원래는 석가모니 부처의 진신사리를 모신 법당을 가리키는 말이지만, 우리의 자성(自性), 본성(本性)이 바로 살아 있는 참 부처가 머무는 적멸보궁임.

114

존재-의식-지복

　이것은 말과 생각, 행위에 구속되지 않지만, 말과 생각, 행위를 벗어나 있지도 않습니다. 말할 수 없고 생각할 수 없고 행위 할 수 없지만, 말하는 일과 생각하는 일과 행위 하는 일 바깥의 다른 일은 아닙니다.

　이것을 억지로 말로 표현한다면, 먼저 '존재'라 할 수 있습니다. 무엇이 존재한다는 것이 아니라, 바로 지금 여기에 있음, 이와 같이 현존하고 있음을 말합니다. 너무나 당연하고 자연스럽게 존재함, 생각할 필요도 없이 이렇게 있음입니다.

　그리고 동시에 그것은 '의식' 자체입니다. 어떤 의도적인 노력이 필요 없는 깨어 있음, 대상이 없는 알아차림의 성품입니다. 맑은 거울처럼 어떤 판단이나 선택이 없이 모든 대상들을 비추지만 자기 자신은 결코 대상화되지 않습니다.

　마지막으로 그것은 '지복'입니다. 지복(至福), 곧 극락(極樂)은 모든 상대적 느낌의 차원을 초월한 것입니다. 따라서 그것은 아무런 느낌의 내용이 없습니다. 굳이 말하자면 아무 느낌이 없는 느낌입니다. 맑고 깨끗한 의식, 순수한 마음 자체입니다.

　존재-의식-지복인 이것은 없다가 새로 생겨나는 것도 아니고, 있다가 다시 사라지는 것도 아닙니다. 이것은 안도 없고 바깥도 없습니다. 이것은 이것인 것과 이것 아닌 것이 없습니다. 바로 지금 이 순간 있는 이대로 이 사실일 뿐입니다.

현존

현존은 '하는 것'이 아닙니다.
현존하기 위해 '노력하는 것'이 아닙니다.

현존은 오히려 '하지 않는 것'입니다.
현존하기 위해 '노력하지 않는 것'이 진정 현존하는 것입니다.

오직 현존일 뿐 비(非)현존은 거짓 또는 착각입니다.
현존하려는 순간, 거짓 또는 착각인 비(非)현존과 짝을 이루게 됩니다.

현존은 비어 있음이며, 깨어 있음입니다.
텅 비어서 아무 실체가 없지만 활짝 깨어서 살아 있습니다.

이 현존을 대상화하여 알려고 하는 어리석음을 범하지 마십시오.
이미 현존하고 있는데 다시 현존하려는 헛된 노력을 쉬기만 하십시오.

자기 눈앞을 가리고 있는 한 생각의 티끌에 가려서
이미 만천하에 훤히 드러나 있는 것을 제 스스로 보지 못할 뿐입니다.

생각을 일으켜 이렇게 저렇게 판단하려는 그것이 현존을 가로막습니다.
일어난 생각을 따라가지 말고 생각이 일어나는 바로 그 자리에
있으십시오.

생각 이전에 이미 현존이 있습니다.
생각할 때도, 생각이 사라진 뒤에도 현존이 있습니다.

오직 스스로 현존할 뿐입니다.

이것이 무엇인가

생각이 일어났다가 사라집니다.
그러나 이것은 일어난 적도 없고 사라지지도 않습니다.

생각이 일어나기 이전에도 이것이 있었고
생각을 하고 있을 때도 이것이 있고
생각이 사라지고 나도 이것은 남아 있습니다.

느낌이 나타났다가 사라집니다.
그러나 이것은 나타난 적도 없고 사라지지도 않습니다.

느낌이 나타나기 이전에도 이것이 있었고
느낌을 느끼고 있을 때도 이것이 있고
느낌이 사라지고 나도 이것은 남아 있습니다.

눈을 뜨면 보이고 눈을 감으면 보이지 않습니다.
그러나 이것은 보이는 것도 아니고 보이지 않는 것도 아닙니다.

볼 때나 안 볼 때나 이것이 있습니다.
이것 안에서 본다고도 하고 보지 못한다고도 합니다.

소리가 들리기도 하고 들리지 않기도 합니다.
그러나 이것은 들리는 것도 아니고 들리지 않는 것도 아닙니다.

들을 때나 안 들을 때나 이것이 있습니다.
이것 안에서 듣는다고도 하고 듣지 못한다고도 합니다.

이것이 무엇입니까?

말할 수 없고
보일 수만 있는 것

그림을 그리고 있는 손을 그림으로 그리는 순간
그것은 손이 아니라 또 다른 그림일 뿐입니다.

말하는 자를 말로 표현하는 순간
그것은 말하는 자가 아니라 또 다른 말에 불과합니다.

그림을 그리고 있는 손은
오직 그림을 통해서만 보일 수 있습니다.

말하는 자는
모든 말을 통해 스스로를 드러내고 있습니다.

그릴 수 없는 것에 대해서는 그리기를 멈춰야 합니다.
말할 수 없는 것에 관해서는 침묵해야 합니다.

Love Affair

그대가 찾는 깨달음은 바로 지금 여기 이 순간 이 자리에
실오라기 하나 걸치지 않은 채 드러나 있습니다.

그대와 깨달음은 서로 한 치도 떨어져 있지 않기에
어떤 형식으로든 대상화하는 순간 어긋나게 되어 있습니다.

어떤 느낌도, 어떤 감정도, 어떤 생각도, 어떤 의식의 상태도 아니지만
모든 느낌, 모든 감정, 모든 생각, 모든 의식의 상태가 그것입니다.

그대의 모든 솜씨와 기량이 아득한 좌절과 절망을 맛보는 순간
어쩌면 은총처럼 이것이 잠시 스스로를 드러낼 수도 있습니다.

처음에 이것은 너무나 당연하고, 너무나 자연스러우면서도
너무나 연약하고, 너무나 상처받기 쉬운 것 같습니다.

하지만 세월이 갈수록 아무 형상도, 속성도 없는 이것이야말로
결코 오염시킬 수 없고, 무너뜨릴 수 없는 실체임을 확신하게 됩니다.

처음의 신비로움이 차차 일상의 평범함 속으로 스며들수록
깨달음의 기쁨은 점점 부동의 침묵 속으로 녹아들어 갑니다.

말을 잊어버린 은밀하고 직접적인 접촉 가운데
영원한 침묵의 향기만이 은은하게 온 세상으로 퍼져 나갑니다.

본분사

사람마다 본래부터 갖추고 있는 하나의 일이 있습니다.

눈으로 바깥의 사물을 보고,
귀로 바깥의 소리를 듣고,
코로 바깥의 향기를 맡고,
혀로 바깥의 맛을 보고,
몸으로 바깥의 촉감을 느끼고,
뜻으로 바깥의 대상을 분별합니다.

그러나 눈으로 보는 바깥의 사물은 바깥의 사물이 아니라
사람마다 본래부터 갖추고 있는 이 하나의 일이며,
귀로 듣는 바깥의 소리는 바깥의 소리가 아니라
사람마다 본래부터 갖추고 있는 이 하나의 일이며,
코로 맡는 바깥의 향기는 바깥의 향기가 아니라
사람마다 본래부터 갖추고 있는 이 하나의 일이며,
혀로 맛보는 바깥의 맛은 바깥의 맛이 아니라
사람마다 본래부터 갖추고 있는 이 하나의 일이며,

몸으로 느끼는 바깥의 촉감은 바깥의 촉감이 아니라
사람마다 본래부터 갖추고 있는 이 하나의 일이며,
뜻으로 분별하는 바깥의 대상은 바깥의 대상이 아니라
사람마다 본래부터 갖추고 있는 이 하나의 일입니다.

보고 듣고 느끼고 아는 나와 세상의 경험 전체가
바로 사람마다 본래부터 갖추고 있는 이 하나의 일입니다.

오직 사람마다 본래부터 갖추고 있는 이 하나의 일만 있으니
어떤 일도 애초부터 벌어진 적이 없었습니다.

보아도 본 것이 없고,
들어도 들은 것이 없고,
느껴도 느낀 것이 없고,
알아도 안 것이 없습니다.

보아도 보는 자가 없고,
들어도 듣는 자가 없고,
느껴도 느끼는 자가 없고,
알아도 아는 자가 없습니다.

그러므로 보아도 보는 것이 아니고,
들어도 듣는 것이 아니고,
느껴도 느끼는 것이 아니고,

알아도 아는 것이 아닙니다.

그저 사람마다 본래부터 갖추고 있는 이 하나의 일이 있을 뿐입니다.

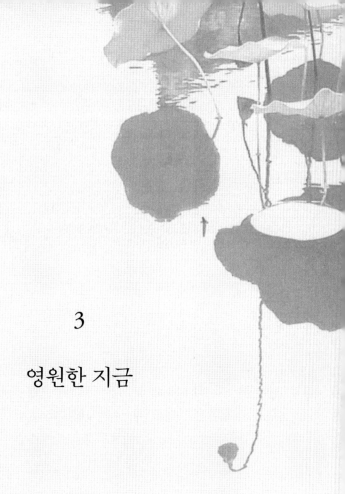

3

영원한 지금

눈앞에 드러나는 모양에 속지 않고, 마음속에 떠오르는 이미지에 미혹되지 않는다면, 바로 지금 여기 있는 그대로가 우리의 청정한 본성, 참된 마음입니다. 둘 아닌 법은 찾아야 할 것도 얻어야 할 것도 없다는 소식입니다. 깨달음은 우리 모두가 본래 아무 문제 없이 깨달아 있다는 단순한 사실에 대한 확인, 확신입니다.

진정 알 수 없는 것

알 수 있는 것은 시작과 끝이 있습니다. 알 수 있는 것은 범위와 한계가 있습니다. 알 수 있는 것은 언제나 상대적인 것입니다. 따라서 알 수 있는 것은 영원하고 무소부재하고 절대적인 진리일 수도 없습니다.

그렇다고 알 수 없는 것이 진리일 수도 없습니다. 알 수 없다는 것은 알 수 있다는 것과 짝을 이루는 것으로 그 역시 알 수 있는 것입니다. 진정 알 수 없는 것은 알기는커녕 알지 못하는 것조차 불가능합니다.

모든 느낌, 모든 감각, 모든 감정, 모든 생각, 모든 의지, 모든 충동을 넘어서 도무지 알 수 없는 것, 그 아득한 심연으로 몸과 마음을 던져 버리십시오. 정지, 침묵, 무지, 죽음, 혼돈…….

도무지 그 끝을 알 수 없는 나락으로 몸과 마음이 사라지는 순간, 바로 그 자리에서 언제나 있었지만 이상하게도 발견할 수 없었던 참된 나, 영원한 생명, 신령스러운 지혜가 드러날 것입니다.

바로 지금 여기 이 순간

바로 지금 여기 이 순간 눈앞에서 모든 경험이 이루어집니다.
바로 지금 여기 이 순간 눈앞에 있는 것이 진실입니다.
아니, 바로 지금 여기 이 순간 눈앞이 진실입니다.

결코 떠날 수 없고,
그러므로 다시 도달할 수 없는 자리가
바로 지금 여기 이 순간 눈앞, 이 자리입니다.

이 자리, 이것, 바로 지금 여기 이 순간 눈앞을
하나의 대상으로,
하나의 경계로,
하나의 느낌으로,
하나의 이미지로 파악할 수는 없습니다.

오히려 그러한 헛된 노력을 쉬고 멈출 때
자연스럽게 자각할 수 있습니다.
언제나 이 자리, 이것, 바로 지금 여기 이 순간 눈앞에 있었음을!

아무런 형상도, 속성도 없는 듯하지만
모든 형상과 속성으로 드러나고 있는 이 무엇!

바로 지금 여기 이 순간 온갖 생각이 일어나는 이 자리가
어떠한 생각도 다가갈 수 없는 무심, 무념의 자리입니다.

바로 지금 여기 이 순간 눈앞의
텅 비어 있음,
존재하고 있음,
살아 있음,
대상 없이도 의식하고 있음에 머물러 쉬십시오.

처음에는 알 수 없음, 답답함, 갑갑함, 애매모호함이란 느낌이겠지만
온 몸과 마음, 정성을 다해 그 자리에서 버티다 보면
자기도 모르는 사이, 어떤 인연에

문득

확실하고 분명함, 바로 이것, 확 트임의 느낌으로 확인될 것입니다.

간절한 그리움, 애틋한 사랑의 마음이 없다면
진실을 만날 수 없습니다.
진실은 오직 순수한 전념만을 요구할 따름입니다.

어디에도 없는 No-Where
지금 여기 Now-Here

지금 여기는 도달할 수 없는 장소입니다.

지금 여기는 머물 수 없는 곳입니다.

지금 여기는 붙잡을 수 없는 것입니다.

지금 여기는 하나의 고정된 시공간 상의 좌표가 아닙니다.

지금 여기는 어디에도 없지만 모든 순간과 모든 장소가 지금 여기입니다.

지금 여기가 사라지는 곳이 지금 여기입니다.

지금 여기가 생겨나는 곳이 지금 여기입니다.

지금 여기는 영원한 나입니다.

지금 여기는 있지만 없고, 없지만 분명히 있습니다.

바로 지금 여기!

KTX에서의 명상

9시 50분 부산 발 서울 행 KTX 열차
내 자리는 9호차 13A.
멈춰 있는 열차 차창 너머로 비가 내립니다.

9시 50분 열차가 움직이기 시작합니다.
창 밖에는 여전히 비가 내립니다.
내 자리는 9호차 13A.

부산역을 지나고 몇 개의 터널을 지납니다.
밝았다가 어두워졌다가
그래도 내 자리는 9호차 13A.

10시 40분 동대구역에 도착합니다.
창밖을 보니 비는 그치고 구름만 잔뜩 끼어 있습니다.
그래도 내 자리는 9호차 13A.

잠깐 졸다 깨어나 보니 하늘이 맑게 개었습니다.

어디쯤인지 창밖을 보아도 알 수가 없습니다.
그래도 내 자리는 9호차 13A.

안내 방송이 나오고
곧 우리 열차는 서울역에 도착한다고 합니다.
그래도 내 자리는 9호차 13A.

부산에서 서울까지
2시간 반 동안 400km를 이동했는데
나는 9호차 13A에서 한 걸음도 뗀 적이 없습니다.

언제 어디서나 이 자리일 뿐입니다.

회광반조

모든 모양과 빛깔을 보고 있는 이것 자체는 어떤 모양과 빛깔이 없습니다. 그래서 매 순간 이것을 보고 있으면서 보이는 모양과 빛깔만 알 뿐 이것의 존재를 알지 못합니다.

모든 소리를 듣고 있는 이것은 어떤 소리도 없습니다. 그래서 매 순간 이것을 듣고 있으면서도 들리는 소리만 알 뿐 이것의 존재를 알지 못합니다.

모든 냄새를 맡고 있는 이것은 어떤 냄새도 없습니다. 그래서 매 순간 이것을 냄새 맡고 있으면서도 구별되는 냄새만 알 뿐 이것의 존재를 알지 못합니다.

모든 맛을 보고 있는 이것은 어떤 맛도 없습니다. 그래서 매 순간 이것을 맛보고 있으면서도 구별되는 맛만 알 뿐 이것의 존재를 알지 못합니다.

모든 느낌을 느끼고 있는 이것은 어떤 느낌도 없습니다. 그래서 매 순간 이것을 느끼고 있으면서도 차별되는 느낌만 알 뿐 이것의 존재를 알지 못합니다.

모든 분별을 하고 있는 이것은 어떤 분별도 없습니다. 그래서 매 순간 이것을 분별하고 있으면서도 차별되는 분별만 알 뿐 이것의 존재를 알지 못합니다.

바로 지금 이 순간 보고 듣고 냄새 맡고 맛보고 느끼고 분별하고 있습니다. 이 사실을 부정할 수 없습니다.

바로 지금 이 순간 보고 있는 그것을 되돌려 들어 보십시오. 봄 자체를 보십시오. 아무것도 볼 수 없습니다. 아무것도 볼 수 없음만 있습니다.

바로 지금 이 순간 듣고 있는 그것을 되돌려 들어 보십시오. 들음 자체를 들어 보십시오. 아무것도 들을 수 없습니다. 아무것도 들을 수 없음만 있습니다.

바로 지금 이 순간 냄새 맡고 있는 그것을 되돌려 냄새 맡아 보십시오. 냄새 맡음 자체를 냄새 맡아 보십시오. 아무것도 냄새 맡을 수 없습니다. 아무것도 냄새 맡을 수 없음만 있습니다.

바로 지금 이 순간 맛보고 있는 그것을 되돌려 맛보십시오. 맛봄 자체를 맛보십시오. 아무것도 맛볼 수 없습니다. 아무것도 맛볼 수 없음만 있습니다.

바로 지금 이 순간 느끼고 있는 그것을 되돌려 느껴 보십시오. 느낌 자체를 느끼십시오. 아무것도 느낄 수 없습니다. 아무것도 느낄 수 없음만 있습니다.

바로 지금 이 순간 분별하고 있는 그것을 되돌려 분별해 보십시오. 분별
자체를 분별해 보십시오. 아무것도 분별할 수 없습니다. 아무것도 분별할
수 없음만 있습니다.

이 어찌할 수 없음, 알 수 없음, 모름, 분명히 존재하지만 이것이다 저것
이다 분별할 수 없는 이 살아 있음을 확인하십시오.

아무 내용 없는 의식, 텅 비었으면서도 가득 찬 의식, 실체가 없는 진정
한 실체, 모든 가능성의 총체, 분리되지 않는 하나, 그것으로 머물러 보십
시오.

어떤 의도, 노력, 헤아림이 없을 때 자연스럽게 본래 이것과 하나였음을
깨닫게 됩니다.

바로 지금 여기 있음

굳이 말하자면, 바로 지금 여기 있음이 바로 진리입니다.

진리는 내가 알아야 할 것, 내가 얻어야 할 것, 즉 나와 분리되어 있는 〈무엇〉이 아니라, 바로 지금 여기 나와 세계의 모습이 드러나 있음입니다.

나도 없고, 세계도 없고, 진리도 없고, 바로 지금 여기 이와 같이 있음, 현존 자체만 있을 뿐입니다.

물론 바로 지금 여기 있음, 현존 역시 허망한 이름, 개념에 지나지 않습니다.

나와 세계, 그리고 그 사이에서 벌어지는 모든 물리적, 심리적 현상들은 분명히 존재하는 것 같지만 사실 어떤 실체도 없습니다.

꿈속의 경험과 같이, 오감과 의식을 통해 경험하지만 어떤 실체가 있지 않습니다. 사실 실체라는 것 또한 오감과 의식 작용으로 드러난 현상에 불과합니다.

그런 것은 없지만 분명히 있고, 있지만 그런 것은 분명히 없습니다. 바로 지금 여기 있음은 생겨난 적도 없고 사라지지도 않습니다.

이것, 바로 지금 여기 있음의 이전이 있을까요? 그것이 있다고 하려면 이미 바로 지금 여기 있음, 이 내용 없는 앎, 투명한 자각의 성품이 먼저 있어야 합니다.

이것, 바로 지금 여기 있음의 이후가 있을까요? 그것이 사라졌다고 하려면, 마찬가지로, 그것이 사라졌다는 것을 아는 무엇, 바로 지금 여기 있음, 이 내용 없는 앎, 투명한 자각의 성품이 있어야 합니다.

다시 말해, 생멸은 이 바로 지금 여기 있음, 이 내용 없는 앎, 투명한 자각의 성품 위에 나타나는 그림자와 같습니다.

문제는 많은 사람들이 실재하지 않는 것(나, 세계, 생멸 따위)을 실재하는 것으로 착각하고, 실재하는 것(현존, 바로 지금 여기 있음)을 실재하지 않는 것으로 여긴다는 사실입니다.

이것이야말로 거대한 역설, 우주적인 농담이 아닐 수 없습니다.

영원한 지금

지금이라는 말로 가리키려는 시간은
시간을 초월한 시간, 시간이 없는 시간입니다.

지금은 분명 존재하지만 존재하지 않는 시간입니다.
지금이 아닌 시간은 없지만 지금에 머물 수는 없습니다.

과거와 미래는 오직 지금 위에서만 존재합니다.
과거와 미래의 근원이 바로 지금입니다.

어제는 어제 존재하지 않습니다.
바로 지금 존재합니다.

내일은 내일 존재하지 않습니다.
바로 지금 존재합니다.

그러나 그 지금에 머물 수는 없습니다.
머물 수 없지만 바로 지금 존재합니다.

존재가 바로 지금입니다.
지금이 바로 나 있음입니다.

지금은 분리가 없는 전체입니다.
나와 나 아닌 것 전체가 바로 지금입니다.

지금은 곧 현존이자 의식 자체입니다.
바로 지금 살아 있는 의식, 그것이 바로 현존입니다.

지금, 현존, 의식은 한 가지 실재의 이음동의어(異音同義語)입니다.
진실한 그대 본래면목의 대명사입니다.

결코 새롭게 얻을 수 없고 알 수 없는 것입니다.
단 한 번도 벗어나 본 적이 없는 것입니다.

인생 백년, 삼만 육천오백 일, 늘 반복하는 것이 다만 이것입니다.

바로 지금 여기 있는 것

수많은 구도자들이 찾는 것, 진리, 하나님, 도, 깨달음, 마음, 불성 등 등, 그 이름이 무엇이든 그것은 바로 지금 여기 있어야 합니다. 바로 지금 여기 없는 것은 결코 실재가 아닌 관념, 이미지에 불과합니다.

바로 지금 여기 과연 무엇이 있습니까?

우선 '나'라고 하는 육체와 그와 연관된 감각, 감정, 생각이 있습니다. 그리고 그 '나'를 둘러싸고 있는 세계, 시간과 공간, 사건과 상황이 있습니다. 간단히 요약하면 '나'와 '나 아닌 것'이 있을 뿐입니다.

그런데 그 두 가지가 결코 부정할 수 없는 실재인가요? '나'의 육체와 그와 연관된 감각, 감정, 생각은 끊임없이 변화해 왔습니다. '나'를 둘러싸고 있는 세계 역시 한 번도 멈춤 없이 변화해 왔습니다.

'나'와 '나 아닌 것'은 분리되어 있는 것 같지만 결코 분리된 적 없는 한 덩어리입니다. '나 아닌 것'은 '나'에 의해 그 실존이 경험되고, '나'는 '나 아닌 것'이 없다면 확인될 수 없습니다.

게다가 '나'와 '나 아닌 것'은 바로 지금 여기에서만 경험될 뿐 다른 시간, 다른 장소에서는 경험될 수 없습니다. 즉, 그 둘은 바로 지금 여기를 떠나 존재할 수 없습니다. 과거/미래의 시간, 과거/미래의 장소는 바로 지금 여기서 일어나는 관념이요, 이미지일 뿐입니다.

결국 바로 지금 여기만이 실재합니다. 모든 것이 바로 지금 여기에서만 목격됩니다. 모든 것이 바로 지금 여기에서만 경험됩니다. 그러나 바로 지금 여기는 어떤 모양, 어떤 실체를 가지고 있지 않습니다. 있다고도 할 수 없지만 그렇다고 없다고도 할 수 없습니다.

비유하자면, 바로 지금 여기는 텅 빈 허공처럼 끊임없이 변하는 '나'와 '나 아닌 것'을 포용하고 있다고 할 수 있습니다. 마치 꿈의 내용은 변하지만 꿈이 일어나는 공간은 언제나 변함없는 것과 같습니다.

'나'와 '나 아닌 것'의 모든 변화가 그대로 변화 없는 바로 지금 여기, 모양 없는 이것입니다. 꿈속의 공간과 꿈의 내용이 결코 분리될 수 없는 것처럼, 본질은 모양 없고 변화 없지만 현상적으로는 모든 모양과 변화로 드러납니다.

눈앞의 이것

바로 지금 이 순간 한 생각을 일으켜 보십시오. 조금 전의 자기 행동을 떠올려 보십시오. 어떤 이미지, 어떤 느낌, 어떤 감정, 어떤 생각의 여운이 느껴지실 것입니다.

앞으로 벌어질 미래의 일에 대한 예상을 해 보십시오. 역시 어떤 이미지, 어떤 느낌, 어떤 감정, 어떤 생각이 일어날 것입니다.

그 두 가지는 모두 본래 없었지만, 생각을 일으키는 순간 일어났다가, 잠시 유지되다가, 다시 흔적도 없이 사라집니다.

누가 그 생각을 일으킵니까?

"내가 그 생각을 일으킨다."고 할 수 있겠지만, 잘 살펴보면 그것 역시 앞의 두 가지 경우와 마찬가지로 하나의 이미지, 느낌, 감정, 생각이 아닌가요?

일으키는 주체가 아니라 일으켜진 객체, 대상이 아닙니까?

144

다시 묻겠습니다. 누가 그 생각을 일으킵니까? 어디에서 그 생각이 일어납니까?

여기에 대해 어떤 답변을 하더라도 그것은 모두 올바른 답변이 될 수 없습니다. 모두가 일으켜진 이미지, 느낌, 감정, 생각의 결과물이기 때문입니다.

그럼에도 불구하고, 그것이 무엇인지 한정하고 이름 붙이고 규정할 수 없더라도, 끊임없이 이미지, 느낌, 감정, 생각이 일어났다 잠시 유지되다가 사라집니다.

경험의 진정한 주체는 결코 경험될 수 없습니다. 또 다른 이미지, 느낌, 감정, 생각으로 파악할 수 없습니다. 그러나 그러한 경험들이 바로 지금 이 순간 이 자리에서 벌어지고 있습니다.

바로 지금 이 순간 이 자리는 결코 이미지, 느낌, 감정, 생각으로 도달할 수 없습니다. 완전한 알 수 없음, 완전한 침묵, 완전한 판단 정지의 순간입니다.

거기가 신비로 들어가는 입구입니다.

앎의 내용이 없는 앎 자체, 허공처럼 텅 비어 있는 의식 자체, 느낌이 없는 느낌 자체, 순수하고 청정한 마음 자체.

언제나 변함없이 바로 지금 이 순간 이 자리에서 모든 대상들을 지켜보고 수용하고 있는 무엇.

바로 지금 눈앞의 이것!

백척간두에서 한 걸음 더 나아가고
까마득한 절벽에서 잡은 손을 놓으십시오.

마음과 성품

마음은 '마음'이라는 생각을 일으키기 이전에 이미 있는 것입니다. 성품은 '성품'이라는 말을 내뱉기 이전에 뚜렷하게 드러나 있습니다. 그것은 생겨나지 않았기에 사라지지도 않습니다. 생겨나지 않았으므로 있다고 할수 없고, 사라지지 않으므로 없다고 할수 없습니다.

도대체 그것이 무엇일까요?

이 알고자 하는 한 생각은 생겨난 것입니다. 이 알고자 하는 한 생각에 대한 해답을 찾았다면 그것 역시 새로 생겨난 또 다른 한 생각일 뿐입니다. 생각은 생겨났다가 시간이 지나면 저절로 사라집니다. 그러한 일이 끝없이 반복됩니다. 그런데 그 모든 일이 벌어지는 '배경 같은 공간'[9]은 생겨났다 할 수 없고 사라졌다 할 수 없습니다.

도대체 그것이 무엇일까요?

만약 그것이 어떤 것이라고 알 수 있고 볼 수 있다면, 그것은 그것 아닌

---

9 공(空), 순수의식, 청정심, 무심(無心), 텅 빈 알아차림, 공적영지(空寂靈智),

것과 나뉘어 있는 것[10]으로서 일정한 시공간의 제약을 받는 대상입니다. 그렇다면 그것은 시작이 있고 끝이 있으며, 존재하는 곳과 존재하지 않는 곳이 있게 됩니다. 모든 대상은 반드시 생겨났다가 사라집니다. 대상이 아닌 것만이 생겨나지도 사라지지도 않습니다.

도대체 그것은 무엇일까요?

그것은 분리되지 않았기에 대상화하여 알 수 없고 볼 수 없습니다. 알 수 없고 볼 수 없지만, 이렇게 알고 보는 일을 떠나 있지도 않습니다. 바로 지금 눈앞의 알고 보는 일 자체가 그것입니다. 매 순간 모든 일이 그것이니 따로 그것을 대상화할 수 없습니다. 말로 가리켜 보일 수 없지만 '이렇게'[11] 가리켜 보입니다.

스스로 말과 생각을 잊고 계합하지 못한다면 영원히 알고 보는 일 속에서 쉴 날이 없을 것입니다. 그림자를 끊고 달리는 천리마처럼 즉각 알아차려야 합니다.

---

10 '안다' 또는 '본다'는 일이 성립하려면 반드시 아는(보는) 자와 아는(보는) 대상, 곧 주체와 객체의 분리가 전제되어야 한다.

11 '이렇게'란 바로 지금 여기를 떠난 다른 지시 대상을 가리키는 말이 아니다. 굳이 '이렇게'의 의미를 가리켜 보인다면, '이'가 '이렇게'고, '렇'이 '이렇게'고, '게'가 '이렇게'다. 바로 이! 렇! 게!

조작하지 말라

우리의 본성은 이미 온전히 주어져 있는 것으로, 새롭게 얻을 수도 없고 닦아 완성시킬 수도 없습니다. 우리가 경험하는 모든 것이 본성의 발현입니다. 본성에는 어떠한 속성도 없지만 억지로 설명하자면 밝고 고요하다[12] 할 수 있습니다.

우리의 모든 경험은 바로 그러한 밝고 고요함 가운데서 온갖 차별되는 모양이 드러나는 것과 같습니다. 비유하자면, 아무 특별한 맛이 없는 물에 녹차도 우리고, 커피도 타고, 술도 빚는 것과 같습니다.

본래 완성되어 있는 본성에 어두운 까닭은 본성 자체가 아닌, 그것에서 발현된 그림자와 같은 차별적 경험에 미혹되었기 때문입니다. 마치 녹차 맛, 커피 맛, 술 맛에 속아 그 가운데 있는 물맛을 알지 못하는 것과 같습니다.

흙탕물을 가라앉히려면 한동안 가만히 두어야 하는 것처럼, 본성을 깨

---

12 밝음은 지혜, 신령스러운 앎의 능력이 있음이요, 고요함은 선정, 텅 비어 있음이다.

닫기 위해선 온갖 차별적 경험을 집착하거나 거부하지 않고 있는 그대로 내버려두어야 합니다. 모든 경험에서 일체의 조작을 하지 않아야 합니다.

문제는 조작을 하지 않으려는 것마저도 또 다른 조작이라는 사실입니다. 이렇게 할 수도 없고 저렇게 할 수도 없습니다. 바로 그러한 애매하고 답답한 상황 속으로 들어가는 것이 정해진 바 없는 이 공부의 길입니다.

언제나 이것이냐 저것이냐 하는 양 갈래 길에서 우왕좌왕하는 마음이 한 번 완전히 길을 잃어야 합니다. 자기 자신도 어찌할 수 없는 가운데 본래 갖추어져 있던 본성이 우뚝 드러날 것입니다.

사실은 바로 지금 그대 눈앞에 이미 온전히 드러나 있습니다.

마음 거울

마음은 거울과 같아서 아무런 의도나 조작, 노력이 없어도 저절로 모든 대상 경계들을 비춥니다.

우리의 다섯 가지 감각과 의식작용인 생각이 자연스럽게 지각됩니다. 모든 감각과 생각의 주체인 듯 여겨지는 '나'조차 이 마음 거울 위에 드러나는 영상일 뿐입니다. 지각되고 인식되는 모든 것은 대상 경계입니다.

그러나 그 모든 지각과 인식의 주체가 따로 있는 것 역시 아닙니다. 거울의 본체와 거울에 드러난 영상이 분리될 수 없듯이, 대상 경계와 분리되어 있는 마음이라는 주체가 따로 있는 것이 아닙니다.

비유하자면, 거울의 비추는 능력은 어떤 모양도 없지만 모든 모양을 거울 위에 그려 냅니다. 거울의 비추는 능력과 거울 위의 영상은 둘이 아닙니다.

거울 위에 드러난 영상을 다 제거해야 순수한 거울의 비추는 능력이 드러나는 것이 아닙니다. 어떠한 모양에도 미혹하지 않으면 거울 위의 모든 영상이 거울의 비추는 능력의 현현입니다.

비춤을 따라 주객으로 분리되지 말고, 바로 지금 여기 있는 그대로 비추어지는 것에서 헛된 분별을 하지 말아야 합니다. 바로 지금 여기에서 마음 거울은 완전하게 모든 것을 비추고 있습니다.

한 생각 이전

    보통 한 생각 일어나기 이전의 소식을 알아야 한다고 말하곤 합니다. 한 생각이 일어나는 순간, 그 생각을 대상화하는 주체, 생각하는 '나'가 있는 것 같습니다. 하나의 법(대상)이 일어나면, 하나만 일어나는 것이 아니라 그것과 짝을 이루는 다른 하나 역시 일어나는 것입니다. 그것이 연기의 법칙입니다. 어떤 것도 제 스스로 독립적으로 존재하는 것은 없습니다. 하나를 인정하는 순간, 일체가 모두 존재하게 되는 것입니다.

    주객으로 분리되어 찾고 구하고 살피는 일이 어떤 인연으로 멈추는 순간이 찾아옵니다. 때가 되면 꽃이 피고 열매 맺듯 자연스러운 흐름을 따라 그러한 일이 벌어집니다. 모든 변화작용이 일시에 멈춘 듯 모든 것이 한 덩어리로 생생하게 느껴지는 순간이 옵니다. 그제야 나도 없고, 세계도 없고, 진실로 존재하는 것은 바로 지금 이 순간 눈앞의 이것이라는 사실이 명확해집니다. 미묘하고 미묘한 일이며, 현묘하고 현묘한 일입니다.

    예전의 습관대로 대상화하여 알고자 하지만, 그러면 오히려 더욱 알 수 없고, 어떠한 경계로 붙잡으려 해도 잡았다 싶으면 빠져나가는 미꾸라지처럼 도무지 잡을 수가 없습니다. 한참을 그러다 보면 문득 그렇게 알려

하고 잡으려 하는 그 노력이 다시 둘을 만드는 어리석음이라는 사실을 깨닫고 손을 놓게 되는 순간이 다시 찾아옵니다. 그 순간 나의 노력과는 상관없이 언제나 이것이 뚜렷이 존재한다는 사실에 안도하고 쉬게 됩니다.

어리석은 원숭이가 강물 위에 비친 달그림자를 손에 쥐려 애쓰다 문득 고개 돌려 하늘 위의 달을 보고서야 비로소 그 헛된 노력을 쉬게 되는 것과 같습니다. 결코 분리되어 떨어질 수 없는 자신의 본래면목을 강물 위에 비친 달그림자처럼 찾으려 했으니 얼마나 어리석었던가요? 바로 지금 이렇게 마음달이 본래 밝아 있어 가고, 오고, 보고, 듣고, 말하고, 생각함에 아무런 장애가 없었는데 말입니다. 엉뚱한 것을 찾지 않으면 있는 그대로 바로 이 일인 것입니다.

도道에 이르는 길

도(道)에 이르는 것은 불가능합니다. 도에 이르는 길은 없습니다. 도에 이르려 할수록 도에 이를 수 없습니다. 도에 이르려 한다는 것은 이미 도인 것과 도 아닌 것을 나누어 놓았다는 의미입니다.

바로 지금 여기는 무엇입니까? 바로 지금 여기는 '바로 지금 여기'라는 말과 생각으로 한정할 수 없는 곳입니다. 여기엔 도달할 방법도 없지만 빠져나갈 방법 역시 없습니다.

이것인가 저것인가, 두 갈래 생각의 길이 더 이상 나아갈 수 없을 때, 시작한 적도 없는 여행은 끝이 납니다. 이미 도달해 있는 곳을 향해 가는 길 따위는 없습니다. 멈추는 순간 도달해 있었습니다.

이것이 진정한 신비요, 불가사의입니다. 우리의 존재 자체가 바로 도입니다. 나 있음이 바로 도입니다. 삼라만상이 바로 이 있음입니다. 생각이 필요치 않은 '있음', 의식하고 있음이 도입니다.

이 대상이 없는 의식 자체, 내용 없는 의식이 청정한 자성, 순수의식입니다. 모든 현상들의 모습으로 드러난 의식입니다. 일체가 바로 이 마음입니다. 현상이 그대로 마음이요, 마음이 그대로 현상입니다.

바로 지금 이 순간 이렇게도 생각하지 말고, 저렇게도 생각하지 마십시오. 어떤 생각도 일으키지 않을 때 저 홀로 분명하게 있는 것이 무엇입니까? 이 죽은 활자를 의미로 살려 내는 바로 그것은 무엇입니까?

사랑과 미움

『법구경』에 다음과 같은 말씀이 있습니다.

사랑하는 사람과 만나지 마라.
미워하는 사람과도 만나지 마라.
사랑하는 사람을 만나지 않음은 괴로움이다.
미워하는 사람과 만남도 괴로움이다.

그러므로 사랑하는 사람을 만들지 마라.
사랑하는 사람을 잃음도 재앙이니까.
사랑과 미움이 없는 사람은 집착이 없으리.

사랑과 미움은 둘이 아닙니다. 사랑은 대상을 향한 집착의 몸짓이요, 미움은 대상에게서 벗어나려는 거부의 몸짓입니다. 나와 떨어져 존재하는 대상이 엄연한 독립적 실재라는 믿음에서 사랑과 미움이 일어납니다. 모든 것이 인연 따라 일어남이요, 어떤 것에도 고정불변한 실체가 없다는 사실을 꿰뚫어 보지 못하였기에 사랑과 미움이 일어납니다.

내가 따로 존재한다는 것이 착각입니다. 나 바깥에 대상이 따로 존재한다는 것 역시 착각입니다. 내가 어떤 대상을 사랑한다는 것 역시 허망한 생각이요, 미워하는 것 역시 마찬가지입니다. 일체가 어젯밤의 꿈과 같고 물거품 같은 것인 줄 안다면 사랑해도 사랑하는 것이 아니요, 미워해도 미워하는 것이 아닙니다. 집착과 거부 없이 모든 것을 있는 그대로 받아들입니다.

나도 없고, 대상도 없고, 사랑도 없고, 미움도 없습니다. 그것이 막힘없이 트여 명백한 것입니다. 막힘없이 트여 명백한 가운데 나도 있고, 대상도 있고, 사랑도 있고, 미움도 있습니다. 나도 명백하고, 대상도 명백하고, 사랑도 명백하고, 미움도 명백합니다. 겨울이 가고 봄이 옵니다. 그것이 사랑입니까, 미움입니까? 한 송이 매화가 피었습니다. 그것이 나입니까, 대상입니까?

하늘과 땅 차이

닦아야 하고 구해야 할 도(道)라는 대상이 있고, 그것을 닦고 구하는 주체로서의 내가 있다면 하늘과 땅만큼 어긋난 것입니다. 내가 체험하지 못하고 알지 못하는 깨달음과, 그것을 체험하려 하고 알려고 하는 내가 있다면 하늘과 땅만큼 어긋난 것입니다. 중생이 따로 있고 부처가 따로 있다면 하늘과 땅만큼 어긋난 것입니다.

언제나 눈앞의 이 자리, 이 사실, 이 일일 뿐, 다른 일이 없는 것을 일러 둘이 아니다, 오직 하나의 마음일 뿐이라고 일컫습니다. 바로 지금 여기, 이것, 참나, 자성, 불성, 마음, 의식, 주인공, 한 물건이라 일컫습니다. 그러나 그 모든 것은 이름일 뿐 실재 자체가 아닙니다. 그 모든 이름을 모른다 해도 어쩔 수 없는 바로 이것입니다.

"바로 이것이구나!" 하는 그것이 "도대체 그게 뭐지?" 하는 그것입니다. 이미 이것이어서 다시 이것이 되지 못하는 '이것'입니다. 너무나 어이없게 항상 있었고 늘 있는 '이것'입니다. 꼼지락하기 이전에 '이것'이고, 한 생각 일으키기 이전의 '이것'입니다. 있다, 없다 하기 이전의 '이것'이요, 안다, 모른다 하기 이전의 '이것'입니다.

늘 바깥세상을 보던 그것을 보고, 세상 소리를 듣던 그것을 듣고, 모든 일을 경험하는 그것을 경험하고, 모든 변화를 아는 그것을 아십시오. 그것 자체는 볼 수도 없고 들을 수도 없고 경험할 수도 없고 알 수도 없지만, 이렇게 보고 듣고 경험하고 아는 이 일은 무엇입니까? 언제나 저 홀로 밝아 있는 이것이 보고 듣고 경험하고 압니다.

절대로 남에게서 찾지 마십시오. 나와는 점점 더 멀어질 뿐입니다.

회광반조 2

생각이 일어나는 것을 두려워하지 말고, 다만 그것을 알아차리는 것이 늦을까 두려워해야 합니다. 눈앞에 드러난 경계가 복잡하고 소란스럽든, 텅 비고 고요하든, 모두가 허망한 경계에 불과합니다. 경계는 무상하여 끊임없이 변화하는 것이 속성입니다. 복잡하고 소란스러운 경계를 회피하려 하고, 텅 비고 고요한 경계에 탐착하는 것이 모두 망상 분별의 소산인 줄 깨달아야 합니다.

의식(마음)은 앎의 속성을 가지고 있는데 스스로 미혹하여 하나의 의식(마음)이 주관과 객관으로 분열된 것처럼 느껴집니다. 앎의 주체가 있어 앎의 대상들을 비춰 보는 것처럼 지각되지만, 실제로는 주체 역시 지각되는 대상이요, 객관 역시 지각되는 대상으로 아무런 차이가 없습니다. 그 모든 것이 하나의 의식(마음)이라는 사실을 깨닫는 것이 이른바 회광반조(廻光返照)[13]입니다.

대상 경계를 좇던 의식 자체를 의식이 되비추어 볼 때, 두 개의 거울이

---

13 빛을 돌이켜 거꾸로 비춘다는 뜻. 언어나 문자에 의존하지 않고 자기 마음속의 영성(靈性)을 직시하는 것을 의미함.

마주 보는 것처럼, 또는 허공에서 두 개의 화살이 맞부딪쳐 멈추는 것처럼, 앎과 모름이라는 상대적 분별에서 한 번 벗어날 수 있는 계기가 마련됩니다. 활짝 깨어 있으나 아무런 내용물이 없는 순수한 의식의 상태, 이른바 공의 체험을 하게 됩니다. 스스로 분명하지만 입을 열어 말로 설명하기 어렵습니다.

근세의 대선지식이었던 경봉(鏡峰, 1892~1982) 스님은 어느 날 촛불이 춤을 추는 것을 보고 다음과 같이 노래했습니다.

내가 나를 온갖 것에서 찾았는데
눈앞에 바로 주인공이 나타났네.
하하 이제 만나 의혹 없으니
우담발화 꽃빛이 온 누리에 흐르누나.

주관과 객관

바로 지금 눈앞에 있는 하나의 대상을 바라보십시오. 예를 들어 눈앞에 컵이 있으면, '내가 지금 컵을 보고 있다.'라는 인식이 성립할 수 있을 것입니다. 컵은 인식 대상, 곧 객관이요, 나는 그 컵을 인식하고 있는 자, 곧 주관입니다. 주관과 객관이 뚜렷이 나뉘어 그 사이에 어떤 작용이 이루어지는 듯 느껴지는 것이 우리의 현실적인 감각입니다.

그러나 과연 그것이 엄밀한 진실일까요?

모든 객관 대상들은 그 존재의 근거가 그것을 인식하는 주관에 종속되어 있습니다. 어느 시인의 말처럼 내가 그의 이름을 불러 주었을 때 그는 나에게로 와서 꽃이 되었던 것입니다. 그러나 그 모든 이름을 부르는 '나'는 어떻게 존재한다는 사실을 증명할 수 있을까요? '나'를 '나'라 이름하고 인식하는 이 '나'는 누구입니까? '나'는 둘인가요, 하나인가요?

주인의 꿈을 객에게 말하고
객의 꿈을 주인에게 말하니
이제 두 꿈을 말하는 저 나그네

163

어즈버 그도 또한 꿈속의 사람이로다.[14]

'나'는 컵이 아니기에 컵을 인식합니다. 컵을 인식하는 '나'는 반드시 컵 외부에 존재해야 합니다. 컵과 분리되어야 컵을 인식할 수 있습니다. 마찬 가지로 '나'가 '나'를 인식한다면, '나'는 '나'가 아니라는 말이 됩니다. '나'는 '나'의 외부에 존재해야 한다는 말입니다. '나'는 '나'와 분리되어 있다는 말입니다. '나'를 인식하는 '나'를 알려고 하면 끝없는 분열만 계속됩니다.

결국 주관과 객관의 분열은 허망한 분별이며 결코 진실이 아닙니다. 객 관이 꿈이면 주관도 꿈이요, 주관과 객관이 꿈인 줄 아는 것 역시 꿈입니 다. 황벽 스님은 다음과 같이 말씀하셨습니다.

"범부(凡夫)는 경계(境界)를 취하고 도를 닦는 사람은 마음을 취하나니, 마음과 경계를 함께 잊어야만 참된 법이다. 경계를 잊기는 오히려 쉬우나 마음을 잊기는 매우 어렵다. 사람들이 마음을 감히 잊어버리지 못하는 까 닭은 공(空)에 떨어져 부여잡을 바가 없을까 두려워해서인데, 이는 공이 본래 공이랄 것도 없고, 오로지 한결같은 참된 법계(一眞法界)임을 몰라서 그런 것이다."

---

14 서산 대사(1520~1604)의 삼몽사(三夢詞).

생각의 출처

인간이 느끼는 고통의 근저에는 생각하는 마음, 분별심이 있습니다. 스스로 분열되어 자기가 자기를 평가하고 정죄하며, 세상과 분리되어 다른 사람과 사회를 비판하고 갈등을 일으킵니다. 자기라는 물건이 완전히 객관적이고 독립적으로 존재한다는 착각 속에서 살아갑니다. 그러는 한 끊임없이 반복되는 불만족과 괴로움에서 벗어날 수 없습니다.

자기가 자기를 못마땅하게 여긴다면, 그렇게 여기는 나와 그렇게 여겨지는 나 가운데 어떤 것이 진짜 나일까요? 세상이 부조리하고 타락한 것이라면 나는 그러한 세상과 동떨어져 있는 것일까요? 다른 사람들의 부정적인 모습은 그것을 손가락질하는 나의 마음과 별개인 것일까요? 모든 것이 하나의 생각을 통해 나온 것 아닌가요? 그렇다면 그 생각은 어디에서 나왔을까요?

생각이란 허공 가운데 일어났다 사라지는 구름과 같습니다. 아무리 강한 생각이라도 언제나 늘 지속되는 것은 아닙니다. 허공 가운데 구름이 뭉쳤다 흩어졌다 반복하는 것과 같습니다. 그러나 구름의 유무와 상관없는 것이 허공이듯, 생각의 생멸과 상관없는 텅 빈 마음이 있습니다. 우리의 시비분별, 희로애락이 마음껏 출몰할 수 있는 배경 같은 자각의 공간이 있습니다.

생각이 일어날 때 생각에 끌려 들어가지 말고, 생각이 일어남을 알아차리는 사실에 주의를 돌려 보십시오. 모양을 보는 그것은 모양이 없습니다. 소리를 듣는 그것은 소리가 없습니다. 느낌을 느끼는 그것은 느낌이 없습니다. 무언가를 아는 그것은 무언가로 알 수 없습니다. 내용 없는 순수한 자각, 고요한 깨어 있음, 한량이 없이 텅 빈 듯하지만 충만한 무엇이 있습니다.

그것이 바로 진정한 나입니다.

영원한 바로 지금 여기

시간은 생각입니다. 시간은 곧 나입니다. 나를 인식할 때 시간은 느리게 흘러가고, 나를 인식하지 못할 때 시간은 빠르게 흘러갑니다. 생각이 없으면 시간이 없습니다. 내가 없으면 시간이 없습니다. 생각이 바로 나이고, 내가 바로 생각입니다.

한 생각 가운데 영원이 있습니다. 영원이 바로 지금 이 한 생각 속에 있습니다. 한 생각이 한 생각이 아닌 줄 알면 영원 또한 영원이 아닙니다. 오지도 않고 가지도 않는 것이 바로 지금 여기 한 생각이자 영원입니다. 문득 한 생각 쉬면 곧장 영원입니다.

텅 비었으나 활짝 깨어 있는 공간 속에서 끊임없이 다양한 현상들이 출몰합니다. 온갖 사건들이 지나가지만 바로 지금 이 순간 이 살아 있는 공간은 변함이 없습니다. 바로 지금 여기의 한 순간이 이 공간입니다. 영원한 시간이 그대로 영원한 공간입니다. 그것이 바로 나입니다.

바로 지금 눈앞의 시공간이 마음입니다. 시공간 속의 일체 현상 역시 마음입니다. 우리 내면의 지각 작용에서부터 온 우주 시공간 안에서 벌어지는 물리적 현상까지 모두가 마음입니다. 따로 마음이라는 물건, 현상이 있는 것이 아니라 우주 자체가 그대로 마음이어서 독립적으로 이게 마음이다 할 것은 없습니다.

나라고 하는 개체 역시 이 마음이라는 시공간 안에 드러난 또 다른 마음입니다. 꿈속을 생각해 보십시오. 꿈속에도 나와 세계의 분리감이 있고 사건이 일어나고 경험을 하지만, 그 모든 것이 하나의 꿈, 하나의 마음 아니었습니까? 우리가 깨어서 겪는 일 모두 꿈의 메커니즘과 하등 다를 것이 없습니다.

눈앞에 드러나는 모양에 속지 않고, 마음속에 떠오르는 이미지에 미혹되지 않는다면, 바로 지금 여기 있는 그대로가 우리의 청정한 본성, 참된 마음입니다. 둘 아닌 법은 찾아야 할 것도 얻어야 할 것도 없다는 소식입니다. 깨달음은 우리 모두가 본래 아무 문제 없이 깨달아 있다는 단순한 사실에 대한 확인, 확신입니다.

아무 손댈 것 없는 바로 지금 여기입니다.

도 닦지 말라

도 닦지 마십시오. 닦으려는 그 마음, 닦는 그 행위가 이미 있는 도를 보지 못하게 가립니다.

수행하지 마십시오. 수행하려는 그 마음, 수행 그 자체가 본래 온전한 깨달음으로 깨어나지 못하게 만듭니다.

무언가를 찾아야만 할 것 같은 그 마음, 무언가를 얻어야만 할 것 같은 그 마음, 그것에 끌려가지 말고 그 마음이 일어난 자리를 돌아보십시오.

우리를 불안하게 하고 불만족에 빠뜨리는 그 마음이 자기 자신에게서 벗어나려 하고 자기 자신을 없애려고 노력을 합니다.

그렇게 애쓰고 노력할수록 얽매임만 더할 뿐 진정한 자유는 찾아오지 않습니다.

전혀 다른 길, 예상 밖의 길, 길 없는 길이 있습니다. 너무나 당연하고 자연스러워서 단 한 번도 고려의 대상이 되지 않았던 길이 있습니다.

바로 지금 '내가 있다'라는 이 사실을 잘 보십시오. '내가 있다'를 대상화하지 말고 있는 그대로 보십시오. 지금 보고 있는 이것이 '내가 있다' 아닙니까?

'내'가 '무엇'인지는 모르겠으나 어쨌든 '내가 있다'라는, 특정한 느낌이 아닌 느낌[15]이 있습니다. 존재 자체라고 해도 좋습니다. 이 생각 이전에 '무엇'이 있습니다.

너무나 밀접하기 때문에 결코 분리되거나 대상화되지 않는 의식 자체가 바로 '내가 있다'입니다. 결코 상대적으로 경험되지 않기 때문에 흡사 '알지 못함', '모름'으로 경험되기도 합니다.

그것을 '순수한 앎', '내용 없는 의식', '대상이 없는 알아차림', '성성적적한 마음', '공적영지', '현존', '바로 지금 여기', '공' 등 여러 가지 이름으로 부를 수 있지만 그 어느 것도 이것 자체는 아닙니다.

이것은 자각의 성품 그 자체입니다. 물을 마시고 차고 더움을 아는 그 것, 배가 고프면 고픈 줄 아는 그것, 보고 듣고 느끼고 아는 그것일 뿐입니다.

언제나 바로 지금이기 때문에 단 1초의 시간도 걸리지 않습니다. 언제나 바로 여기이기 때문에 특정한 수단을 통해 다다를 수 없습니다.

---

15 이 '느낌이 아닌 느낌', '느낌 없는 느낌'을 굳이 말로 하자면 '텅 비어 있음', '내용 없는 의식'이라 할 수 있다.

이것이 얻으려야 얻을 수 없는 자기의 본성입니다. 언제나 변함없는 참
나입니다. 결코 벗어난 적 없는 불이(不二)의 진실입니다.

바로 지금 여기에서 쉬십시오.

누가 삶을 사는가

당신은 자신만의 삶을 살고 있습니까? 저는 지금 당신만의 개성적인 라이프 스타일이나 인생역정에 대해 묻고 있는 것이 아닙니다. 말 그대로 당신 자신만의 삶이라 할 만한 것을 살고 있느냐고 묻고 있는 것입니다.

자신만의 삶이라는 것, 다른 사람과 구별되는 나만의 삶이라는 것이 과연 실제로 존재하는 것일까요? 당신은 당신 자신만의 삶을 소유하고 있습니까? 당신 자신만의 삶이랄 만한 어떤 '실체'가 있나요?

삶이란 무엇일까요? 당신이라는 한 개인이 겪어 온 사건들의 연속, 경험들의 다발인가요? 아니면 지금 이 순간 일어나는 감각적 이미지, 기억일 뿐인가요? 삶을 살아온, 사건과 경험의 주체로서의 당신은 삶과 별개로 존재하나요?

혹시 당신은 이 삶의 일부, 삶 속에 드러나는 여러 대상 가운데 하나가 아닐까요? 당신이 삶을 경험하는 것이 아니라, 삶이 당신을 경험하는 것은 아닐까요? 당신이 삶을 사는 것이 아니라, 삶이 당신을 살아가는 것이 아닐까요?

172

바로 지금 이 순간 삶이 아닌 것이 있습니까? 보이는 것, 들리는 것, 냄새 맡아지는 것, 맛보아지는 것, 느껴지는 것, 알아지는 것 이외에 따로 삶이라는 것이 있습니까? 그 하나하나가 바로 삶의 표현 아닌가요?

당신이 삶을 살고 있는 것이 아니라 삶이 당신을 살고 있다는 증거는 깊은 잠에 빠졌을 때, 당신이 어떤 통제나 조작을 하지 않을 때에도 숨을 쉬고 피가 돌고 있다는 것으로 증명할 수 있습니다.

당신이 곧 삶이고, 삶이 곧 당신입니다. 당신과 삶은 결코 분리되어 있지 않습니다. 삶은 너무나 당연하고 자연스러운 당신의 존재입니다. 당신과 삶은 늘 한 덩어리로 바로 지금 여기 이 순간 이 자리에서 펼쳐지고 있습니다.

당신은 삶이 꾸는 꿈입니다. 때로는 기쁘고, 때로는 노엽고, 때로는 슬프고, 때로는 즐겁더라도 그것은 모두 환상입니다. 오로지 삶만이, 바로 지금 여기의 영원한 생명만이 진실입니다.

.

4

커다란 실수

우리가 탐구하고 있는 것은 그러한 허망한 것들이 나타나고 사라지는 근원, 바탕에 대한 것입니다. 그러나 그 근원, 바탕은 절대로 한 생각과 하나의 느낌으로 알 수 있거나 느낄 수 있는 것이 아닙니다.

거대한 역설

끝까지 추구하십시오.
모든 추구를 포기하십시오.

온 우주를 의문으로 가득 채우십시오.
모든 생각을 내려놓으십시오.

겉보기엔 모순된 것 같은 이 말들이 결국
때 묻지 않은 그대의 본래면목으로 이끌어 줄 것입니다.

추구를 하려면 더 이상 가 닿을 수 없는 곳까지
스스로를 밀고 나가십시오.

추구를 포기하려면 더 이상 포기할 수 없는 것까지
완전히 내려놓으십시오.

죽어야 살 수 있습니다.
잃어버려야 얻을 수 있습니다.

몰라야 알 수 있습니다.
비워야 채울 수 있습니다.

우주적 농담

늘 있는 것은 마치 없는 것 같습니다.
늘 보고 있는 것은 마치 보지 못하고 있는 것 같습니다.
늘 듣고 있는 것은 마치 듣지 못하고 있는 것 같습니다.
늘 느끼고 있는 것은 마치 느끼지 못하고 있는 것 같습니다.
늘 알고 있는 것은 마치 알지 못하고 있는 것 같습니다.
늘 경험하고 있는 것은 마치 경험하지 못하고 있는 것 같습니다.

있지 않음도 있음입니다.
보지 못함도 봄입니다.
듣지 못함도 들음입니다.
느끼지 못함도 느낌입니다.
알지 못함도 앎입니다.
경험하지 못함도 경험입니다.

이미 있는 것을 따로 찾을 수는 없습니다.
이미 보고 있는 것을 따로 볼 수는 없습니다.
이미 듣고 있는 것을 따로 들을 수는 없습니다.

이미 느끼고 있는 것을 따로 느낄 수는 없습니다.

이미 알고 있는 것을 따로 알 수는 없습니다.

이미 경험하고 있는 것을 따로 경험할 수는 없습니다.

바로 지금 여기에 멈추는 순간 도달한 것입니다.

더 이상 자기를 찾지 않을 때 온전한 자기가 이미 드러나 있습니다.

이것이 우주적인 농담, 우주적인 놀이입니다.

생각 이전 자리

느낌이 일어나면 느낌이 일어난 줄 압니다.
감정이 일어나면 감정이 일어난 줄 압니다.
생각이 일어나면 생각이 일어난 줄 압니다.

그렇다면
느낌 이전에,
감정 이전에,
생각 이전에 무엇이 있었나요?

아무 대상이 없는 앎,
아무 내용이 없는 앎은
흡사 없음과 같습니다.
흡사 모름과 같습니다.

없는 것 같지만 없는 것이 아닙니다.
모르는 것 같지만 모르는 것이 아닙니다.

소유냐 존재냐

영성, 깨달음, 진리는 소유의 대상이 아닙니다. 소유하고 싶어도 소유할 수 없습니다. 만약 그러한 것을 소유했다면 그러한 것이 아닙니다.

영성, 깨달음, 진리는 어떤 대상도 아닙니다. 어떤 상태도 아닙니다. 어떤 경험도 아닙니다. 오히려 모든 대상, 상태, 경험 자체가 그것입니다.

영성, 깨달음, 진리는 우리와 떨어져 있는 것이 아닙니다. 그러므로 소유할 수 없습니다. 우리 자신을 우리 자신이 소유할 수 없듯이 말입니다.

역설적이게도, 모든 나 아닌 것들이 떨어져 나갈 때, 모든 소유를 스스로 포기할 때, 가장 마지막까지 남은 '나'라는 생각, 에고의식마저 고통스러운 이별을 고할 때, 언제나 그 자리에 변함없이 있는 존재가 확인됩니다.

존재는 어떤 대상이 아닙니다. 특정한 상태도 아닙니다. 특별한 경험도 아닙니다. 억지로 말하자면, 아무것도 아닌데 모든 것입니다. 없는데 분명히 있는 것입니다. 알고 있는데 모르는 것입니다. 진정한 나 자신인데 내가 없는 것입니다.

  자기중심적인 소유 욕구에서 벗어나는 것이 해탈입니다. 그것이 깨달음일지라도 말입니다. 깨달음을 버릴 때 비로소 완전한 깨달음이 항상 존재하게 됩니다.

나쁜 소식, 좋은 소식

나쁜 소식이 하나 있습니다.

당신이 깨달음을 얻는 일 따위는 결코 일어나지 않는다는 것입니다.

좋은 소식도 하나 있습니다.

당신이 깨달음을 잃어버리는 일 따위 역시 결코 일어나지 않는다는 것
입니다.

모름 속으로

누군가 지금 "당신은 존재하십니까?"라고 묻는다면 그대는 당연히 "네!"라고 대답할 것입니다.

그 사람이 "그렇다면 꿈속에서도 당신은 존재했습니까?"라고 묻는다면 그대는 여전히 "네!"라고 대답할 것입니다.

마지막으로 그 사람이 "꿈도 없는 깊은 잠속이나 죽은 뒤에도 당신은 존재합니까?"라고 묻는다면 그대는 어떤 대답을 할 수 있을까요?

첫 번째와 두 번째 질문에 대한 대답은 그리 어렵지 않았습니다. 그런데 왜 세 번째 질문에 대한 대답은 망설이게 되는 것일까요?

하나의 육체 또는 지각과 인식의 주체로서의 자아의식을 '나'라고 여긴다면 첫 번째, 두 번째 질문까지는 대답할 수 있지만 세 번째 질문에서는 막히게 마련입니다.

깨어 있을 때는 육체도 있고, 자아의식도 있습니다. 꿈속에서조차 불확실한 이미지였을지라도 육체와 자아의식이 있었습니다.

그러나 꿈도 없는 깊은 잠이나 죽음 뒤에는 육체와 자아의식이 있을 수 없으니 '나'가 존재한다고 말할 수 없을 것입니다.

과연 그런가요?

깊은 잠속에 '나'가 없었다는 사실을 아는 자는 누구인가요? 누가 '나'는 꿈도 없는 깊은 잠을 잤다는 사실을 알고 있는 것일까요?

이 끊어짐이 없는 의식, 육체와 자아의식으로서의 '나'의 출몰과 상관없는 의식은 탄생 이전에도 있었고 죽음 이후에도 존재하지 않을까요?

바다의 깊이를 재려는 소금인형처럼 온몸을 던져 이 알 수 없는 의식의 바다 속으로 '나'를 던져 보십시오.

생각으로 더 나아갈 수 없는 자리에서 마음을 활짝 열어 보십시오. 알 수 없음, 모름 속으로 한 발만 더 들어가 보십시오.

태어난 이후에 배운 말과 개념을 모두 벗어 버리고 벌거숭이 알몸으로 진실과 맞닥뜨려 보십시오.

완전한 모름이 바로 완전한 앎입니다.

벌거벗은 깨달음

진리는 바로 지금 여기 이 순간
그대 눈앞에 적나라하게 드러나 있습니다.
실오라기 하나 걸치지 않은
알몸으로 드러나 있습니다.

진리는 스스로를 감추고 있지 않건만
당신만 지금 여기 이것 말고
다른 어떤 것을 기다리느라
번번이 드러나 있는 진리를 간과하게 됩니다.

바로 지금 이 순간
당신이 경험하는 것을 떠나서
따로 진리가 있다면
당신과 진리는 시공간적으로 떨어져 있어야 합니다.

그러한 진리는
당신과 마찬가지로 시공간에 제약된 것이니

영원하고 무한한 진리일 수 없습니다.
당신과 떨어져 있는 진리는 진리가 아닙니다.

당신 자체가 진리가 아니라면
진리는 반드시 당신과 별개의 것입니다.
애당초 출발점부터 틀렸습니다.
진리를 찾기 이전에 그것을 찾고 있는 당신을 깨달아야 합니다.

진리라는 이름과 개념을 잊으십시오.
당신이라는 이름과 개념을 잊으십시오.
아무것도 기대하거나 바라지 마십시오.
바로 그때 이미 있는 것은 무엇입니까?

어떤 느낌, 어떤 감정, 어떤 이해가 떠오른다 하더라도
모두 엉뚱한 것들일 뿐입니다.
즉각적으로 모든 것이 확연해지지 않는다면
모두 어떤 느낌, 감정, 생각이라는 허깨비입니다.

이 문 없는 문을 어떻게 통과하겠습니까?

커다란 실수

바로 지금 자신의 존재를 부정할 수 있습니까?

절대로 부정할 수 없습니다. 설사 부정한다 하더라도 그 부정하는 자는 누구 또는 무엇입니까?

이렇게 부정할 수 없는 자기 존재보다 더 확고부동한 것은 무엇일까요?

자기 존재의 확실성에 대해서는 의심의 여지가 남아 있을 수 있지만 애당초 의문을 가질 여지가 없는 것은 무엇일까요?

그러한 것이야말로 진실로 의지할 만한 자신의 참된 존재가 아닐까요?

바로 지금 한 생각을 일으켜 보십시오.
바로 지금 하나의 느낌을 느껴 보십시오.

생각과 느낌은 나타났다가 사라집니다. 허망하고 무상한 것입니다.

우리가 결코 부정할 수 없다고 했던 자기 존재 역시 생각과 느낌을 통하지 않고서는 확인할 수 없습니다.

그래서 알 수 있고 느낄 수 있는 자기 존재는 진정한 자기 존재가 아닙니다. 그저 생각과 느낌의 연속체, 복합물일 뿐입니다.

분명 한 생각이 일어나고 하나의 느낌이 나타났다 사라집니다. 생각과 느낌은 알 수 있고 느낄 수 있습니다.

그런데 그 한 생각과 하나의 느낌이 어디에서 나타났다 사라지는 것일까요? 그 한 생각과 하나의 느낌이 나타나기 전에는 무엇이 있었던 것일까요? 그리고 그것들이 사라진 다음에는 무엇이 남아 있을까요?

여기에서 만약 그것을 또 다른 생각과 느낌으로 파악하려 한다면 커다란 실수를 하는 것입니다.

우리가 탐구하고 있는 것은 그러한 허망한 것들이 나타나고 사라지는 근원, 바탕에 대한 것입니다. 그러나 그 근원, 바탕은 절대로 한 생각과 하나의 느낌으로 알 수 있거나 느낄 수 있는 것이 아닙니다.

그러면 어떻게 해야 할까요?

여기서 생각과 느낌을 초월하는 한 번의 비약이 찾아와야 합니다. 생각과 느낌이 더 나아갈 수 없는 막막한 장벽을 스스로 꿰뚫어야 합니다. 실마리 하나를 드립니다.

애초에 잃어버리지 않은 것은 다시 찾을 수가 없습니다.

행복한 사람은

행복한 사람은 행복을 염려하지 않습니다.
건강한 사람은 건강을 염려하지 않습니다.
마찬가지로, 깨달은 사람은 깨달음을 염려하지 않습니다.

행복한 사람은 행복을 의식하지 않습니다.
건강한 사람은 건강을 의식하지 않습니다.
마찬가지로, 깨달은 사람은 깨달음을 의식하지 않습니다.

행복한 사람은 자신의 행복을 다른 사람과 비교하지 않습니다.
건강한 사람은 자신의 건강을 다른 사람과 비교하지 않습니다.
마찬가지로, 깨달은 사람은 자신의 깨달음을 다른 사람과 비교하지
않습니다.

진실로 행복한 사람은 더 이상 바라는 것이 없습니다.
진실로 건강한 사람은 더 이상 바라는 것이 없습니다.
마찬가지로, 진실로 깨달은 사람은 더 이상 바라는 것이 없습니다.

진정한 명상

진실로 보아야 합니다. 습관화된 마음으로 보아서는 진실로 볼 수 없습니다. 진실을 볼 수 없습니다.

바로 지금 눈앞의 아무 대상이나 골라 진실로 바라보십시오. 그냥 바라보십시오. 어떤 희망이나 기대, 분별과 판단 없이 그저 바라보십시오. 오직 보는 것만이 유일한 목적인 채로 보십시오.

제어되지 못한 생각의 파문이 서서히 가라앉으면서 어느 순간 진실로 보기 시작할 것입니다. 진실을 보기 시작할 것입니다.

그것이 바로 진정한 명상입니다.

있는 그대로

진리를 구걸하지 마십시오.
바깥으로 진리를 구하거나 찾지 마십시오.
그러한 행위가 오히려 진리에서 멀어지게 만듭니다.

당신이 이미 알고 있는 것을 모두 잊으십시오.
당신이 다른 사람들에게 배운 것을 돌아보지 마십시오.
갓난아이처럼 그냥 보고 듣고 냄새 맡고 맛보고 느끼십시오.

그리 힘들거나 어려운 일이 아닙니다.

그저 단 한 번의 멈춤, 단 한 번의 쉼이면 됩니다.
멈추고 바라보십시오. 쉬면서 느껴 보십시오.
이미 있는 그대로 아무 변함없이 펼쳐져 있던 지금 여기 이것을.

이미 어긋났다

이 일은 입을 벌려 말하기 이전에 이미 어긋났습니다. 한 생각 일으키는 순간 이미 틀려 버린 것입니다. 바로 지금 이 언명(言明) 자체부터 틀려먹은 소리입니다. 그러니 한 귀로 듣고 한 귀로 흘려버리십시오.

이 일에 대해 이러쿵저러쿵 이런 말 저런 말을 늘어놓지만 모두 헛소리, 지난 밤 꿈에서 지껄이는 소리, 아직 잠에서 덜 깬 잠꼬대에 불과합니다. 이 일은 말과 글, 설명과 이해를 통해 밝혀질 수 없습니다.

우리가 실재라고 믿는 모든 것은 우리의 한 생각을 결코 벗어나 있지 않습니다. 나를 포함한 우주 만물, 모든 사건, 모든 상황은 모두 스스로 일어난 한 생각의 결과물입니다. 따라서 모든 것은 생각입니다.

문제는 생각을 실재라고 믿어 의심치 않는 어리석음입니다. 생각은 존재하지만 실제로 존재하는 것은 아닙니다. 생각으로 구성된 우리의 삶이 꿈이나 환상 같다고 말하는 이유가 바로 거기에 있습니다. 생각은 실재가 아닙니다.

195

깨달음이란 생각이 실재인 줄 알았던 착각에서 깨어나는 것입니다. 그 순간 모든 것이 있는 이대로 없는 것과 다름없어지게 됩니다. 생각에서 비롯된 모든 번뇌가 한순간에 그 힘을 잃어버리게 됩니다. 있지만 있지 않기 때문입니다.

아교 통 속에 떨어진 하루살이가 꼼짝없이 아교 속에 빠져 죽을 수밖에 없는 것처럼, 한번 생각 속에 떨어지면 웬만해서는 생각의 인력 밖으로 벗어나지 못합니다. 한 생각 돌이키기가 이와 같이 어렵습니다.

말과 생각으로 가 닿을 수 없는 아득한 간극을, 제 사정은 돌아보지 않는 바보들만 뛰어넘습니다. 알 수 없는 막막함 속에, 끝 모를 심연 속에 자기 자신을 내던지지 않고서는 결코 생각 너머의 실재를 확인할 수 없습니다.

이렇게 해도 어긋났고, 저렇게 해도 틀렸습니다. 이렇게 하지 않아도 틀렸고, 저렇게 하지 않아도 어긋났습니다. 깨달았어도 어긋났고, 깨닫지 못해도 틀렸습니다. 알아도 틀렸고, 몰라도 어긋났습니다.

한 생각 일으키기 이전에 이미 틀렸습니다. 자, 어떻게 하실 겁니까?

옛 노래 세 편

마음이 무엇일까요? 바로 이 말과 이 생각이 나오기 이전에 이미 있는 것이 마음입니다. 마음이 없다면 이런 말, 이런 생각이 도대체 어디서 나오겠습니까? 마음은 어떤 실체도 없고, 어떤 모양도 없으며, 어떤 속성도 없습니다. 그러나 이렇게 작용하고 있습니다. 모든 물리적, 심리적 작용이 마음입니다. 무상한 변화작용이 그대로 변함없는 마음입니다.

가고 감에 흔적 없고
오고 옴에 또한 그러하다.
어떤 사람이 묻는다면
말없이 허허 한번 웃겠노라.[16]

번뇌가 그대로 마음인데, 그 마음을 가지고 다시 번뇌를 어찌해 보려 하는 마음을 일으키니 어찌 어리석다 하지 않겠습니까? 물로써 물을 씻어 내려 하는 격이고, 허공으로 허공을 감싸려는 격입니다. 주관과 객관, 그 모든 일체의 경계가 꿈같고 환상 같은 마음의 작용일 뿐임을 철저하게 사무쳐야 합니다. 허망한 육신 속에 스스로를 가두어 놓는 착각에서 벗어나

---

16 향엄지한((香嚴智閑, ?~898) 선사의 게송.

야 합니다.

어디든지 돌아갈 길을 만나고
언제든지 거기가 고향이다.
예와 이제에 드러나 있는 일에
하필 생각하기를 기다릴 것인가.[17]

스스로 믿지 못하니 주저할 뿐입니다. 믿는 마음이 확실하면 있는 이대로가 마음입니다. 투철히 마음을 깨닫지 못했기 때문에 이미 있는 이 마음을 믿지 못하는 것입니다. 마음을 깨닫는 것이 마음을 믿는 것이고, 마음을 믿는 것이 마음을 깨달은 것입니다. 봄날의 아지랑이 같은 생각에 스스로 미혹하여 이미 주어져 있는 마음을 돌아볼 줄 모르고 헛된 마음을 구할 뿐입니다.

일념의 마음이 그대로 이것이거늘
어느 곳에서 따로 찾으려 하는가.
대도(大道)는 다만 눈앞에 있건만
미혹하고 어리석은 자가 알지 못할 뿐이로다.[18]

---

17 신조본여(神照本如, 981~1050) 선사의 게송.

18 지공(誌公, 418~514) 화상의 「불이송(不二頌)」 가운데 한 구절.

얻을 게 없다

마음공부가 쉬우면서도 어려운 점은 우리의 일반적인 상식으로는 전혀 납득이 되지 않는 면이 있기 때문입니다. 나라는 주체가 어떤 것을 알거나 얻기 위해서 일정한 과정을 거쳐 마침내 그 목표를 성취한다는 것이 보통의 상식입니다. 즉, 자신의 노력을 통해 지금의 불만족스러운 상황을 만족스러운 상황으로 바꾸려 합니다.

물론 마음공부도 처음엔 그러한 관점에서 시작하게 되지만, 결국엔 어떤 행위, 조작을 일으키기 이전에 이미 모든 것이 완전하다는 사실을 확인하게 됩니다. 오히려 스스로 추구하는 마음, 지금 여기 있는 그대로의 상태를 벗어난 뭔가 다른 상태에 대한 바람이 조금이라도 있는 경우 진실에 대한 안목이 흐려지게 됩니다.

그런 까닭에 나 홀로 수행하거나 잡다한 영성 서적과 법문을 많이 보고 듣기만 해서는 오히려 자기 생각의 한계 속에서 맴돌 가능성이 큽니다. 예부터 이 공부는 사람을 만나야 한다 하였습니다. 눈 밝은 선지식을 만나 말 한마디 끝에 자신의 실수를 되돌아보게 되는 것이 깨달음입니다. 뭔가를 찾아 구하려 했던 것이야말로 큰 착각이었음을 깨닫는 것입니다.

어느 이름 없는 스님이 다음과 같은 노래를 남겼습니다.

아무것도 얻은 게 없다고 말하지 마라.
본래 아무것도 얻을 게 없으니.
납자여, 아무것도 없는 그 자리가
진실로 크게 얻은 자리이니라.

믿음의 성취

　마음은 찾을 수 있는 물건이 아닙니다. 나를 포함한 눈앞의 세상 전체, 나의 내면과 외면 모두가 마음입니다. 오직 마음밖에 없으니 마음을 찾았다 하여도 찾은 것이 아니고, 마음을 잃어버렸다 하여도 잃어버린 것이 아닙니다. 마음을 깨달았다 하여도 깨닫기 이전과 다른 일이 있는 것도 아닙니다. 언제나 늘 이 마음뿐 다른 일이 없었다는 사실이 분명해질 따름입니다.

　　모양을 보는 것이 자기를 깨닫는 때요,
　　소리를 듣는 것이 자기를 깨닫는 곳이다.
　　생각 생각이 석가가 출세하는 소식이요,
　　걸음걸음이 미륵이 하생하는 소식이네.[19]

　본래 언제나 늘 갖추어져 있는 이 마음을 우리의 생각만이 끝까지 믿지 못하고 의심합니다. 생각은 모든 것을 이미지화, 객관화하는 것이 본질이라, 이 아무 모양, 아무 속성 없는 마음을 결코 알 수 없습니다. 그러므로 생각으로 마음을 이해한 것은 결코 참된 마음 자체가 아니라 마음의 그림자에 불과합니다. 그것이 알음알이입니다. 그림 속의 떡은 결코 배를 부르

19　함허득통(涵虛得通, 1376~1433) 선사 게송.

게 하지 못합니다.

> 옳고 그르다는 것은 하룻밤의 꿈이요,
> 모였다 흩어지는 것은 한때의 정일 뿐
> 분수를 알아 마음을 쉬어 버리면
> 인간 세상의 대장부로다.[20]

깨달음은 자기가 자기로 돌아오는 소식입니다. 자기 마음이 그려 낸 환상에 속아 떠돌다가 그 모든 환상이 자기 마음 하나였음을 분명하게 깨닫는 것입니다. 티끌 하나도 마음을 벗어난 것이 없음을 깨달아 마음과 상대를 이룰 것이 없어 마음마저 잊어버리는 것이 구경의 깨달음입니다. 홀연 눈앞의 시공간과 매일 매일의 일상생활이 그대로 참된 깨달음의 현현일 뿐 다시 다른 허망한 꿈에 속지 않습니다.

진정한 깨달음이란 바른 믿음의 성취입니다.

---

20 서산 대사 계송.

집 짓는 자여

이 공부를 하는 사람은 모두 출가자입니다. 집을 떠난 자입니다. 여기서 말하는 집은 우리가 거주하는 물리적인 가옥을 말하는 것이 아닙니다.

이 육신이 집입니다. 이 육신이 나라는 생각이 집입니다. 오감으로 경험되는 세계가 집입니다. 오감으로 경험되는 세계가 객관적인 사실이라는 생각이 집입니다.

이 공부를 하는 사람은 이 육신과 세계라는 허구의 집을 떠나야 합니다. 발생한 것은 결국 소멸합니다. 발생했다가 소멸하는 헛된 것에 머물러 있어서는 안 됩니다.

집을 짓는 것은 머무는 것이요, 머문다는 것은 집착한다는 것이요, 집착한다는 것은 괴로움의 원인입니다. 원인을 지으면 반드시 그에 합당한 결과가 발생합니다.

이 공부를 하는 사람은 언제나 머무는 바 없이 길 위에 있습니다. 시작도 없고 끝도 없는 길 위에 다시 헛된 집을 짓지 않습니다.

이 길을 발견한 사람이 길 위에 다시 집을 짓고 있다면 어서 그 집을 등지고 길을 떠나십시오. 이 길을 개념화하는 것이 집을 짓는 일입니다.

개념화한다는 것은 대상화한다는 말입니다. 대상화한다는 말은 소유한다는 말입니다. 소유한다는 것은 구속되는 것입니다. 집착이요, 괴로움의 원인입니다.

어서 사망의 소굴에서 빠져나오십시오. 온전히 깨어 있는 정신으로 한 걸음 한 걸음 이 길을 걸어가십시오. 한 걸음 한 걸음이 바로 이 길입니다.

아무것도 소유한 것 없이 이 길을 걸어가십시오. 어디에도 머물지 말고, 어디에도 다시 집을 짓지 말고, 모든 것을 내버려둔 채 이 길을 가십시오.

집 짓는 자여, 이제 너를 보았노라!
너는 이제 다시 집을 짓지 못하리라!
모든 서까래는 부서졌고,
대들보는 산산조각 났다.
나의 마음은 열반에 이르렀고
모든 욕망은 파괴되어 버렸다![21]

---

21 석가모니 부처님의 게송.

밥과 법

밥을 구하기 위해 법을 구하지 마십시오.
다만 밥을 구하는 심정으로 법을 구하십시오.

밥을 포기하고 법을 구할지언정
법을 팔아 밥을 구하지는 마십시오.
밥이 그대로 법이고 법이 그대로 밥이라 쉽게 말하지 마십시오.
비록 그렇다 할지라도 엄연히 밥은 밥이고 법은 법입니다.

인간은 결코 밥의 힘으로, 밥을 위하여 사는 것이 아닙니다.
오히려 법의 힘으로, 법을 위하여 사는 것이 진실한 인간입니다.

밥만을 위할 때 법은 미약해질 것이지만
법만을 위할 때 밥은 부족하지 않을 것입니다.

법을 위해 밥을 먹을지언정
밥을 위해 법을 들먹이지는 마십시오.

비슷하지만 아니다

사이비(似而非)라는 말이 있습니다. 겉으로 보기엔 비슷한 것 같지만 근본적으로는 아주 다른 것을 말합니다.

교묘한 생각, 현묘한 알음알이는 사이비입니다. 가슴 벅찬 감정, 미묘한 느낌은 사이비입니다. 비슷한 것 같지만 근본적으로 다른 것입니다.

어떤 생각도 아닙니다. 어떤 감정도 아닙니다. 어떤 느낌도 아닙니다. 바로 이러할 때 분명해야 합니다. 가슴속에 어떤 것도 걸리는 것이 없어야 합니다.

듣지 못했습니까? 마음이 없다는 것도 오히려 한 겹 관문에 막혀 있다는 옛사람의 말씀을! 모두 내려놓으십시오. 내려놓기 싫거든 다시 짊어지고 가십시오.

도(道)가 높을수록 마(魔)도 성한다 하였습니다. 비록 거친 망상과 번뇌는 쉬어졌다 할지라도 미세한 망상과 번뇌는 여전하다는 사실을 돌아보십시오.

알았다고, 끝났다고 하는 것이 아직도 모르고, 여전히 끝나지 않았다는 방증(傍證)입니다. 크게 한 번 죽은 다음에 다시 살아나야 합니다.

이 공부의 묘(妙)는 없는 것을 취하는 데 있는 것이 아니라, 가진 것을 버리는 데 있습니다. 버리고 버려서 버리려는 그것마저 버리십시오.

백 척 장대 끝에서 한 걸음 더 나아가고, 아득한 절벽에서 손을 놓아 버리십시오.

5
어디에서 나를 찾으랴

자기 배꼽에서 향내가 나는 줄 알지 못하고 향내의 출처를 찾아 온 세상을 헤매다 비참하게 죽은 사향노루 이야기를 들은 적이 있습니다. 너무나 가까이 있어서 오히려 찾기 어려운 것이 바로 우리의 본래면목입니다.

자기를 믿으라 1

이 공부에 있어 가장 큰 병폐는 자기가 자기를 믿지 못하는 것입니다. 자기가 아닌 것을 자기라 믿고 있기 때문에 자기를 믿지 못하는 것입니다. 이 몸과 마음을 자기라 믿고 있는 것이 바로 자기가 아닌 것을 자기라 믿고 있는 것입니다.

이 몸과 마음은 참다운 자기가 아닙니다.

참다운 자기라면 언제 어디서나 변함이 없어야 하고 늘 있어야만 합니다. 그러나 몸과 마음은 시간의 흐름에 따라 끊임없이 변할 뿐만 아니라 낮에 깨어 있을 때는 있는 듯하다가 밤에 잠이 들면 있는지 없는지 알 수 없습니다.

이렇게 믿을 수 없는 몸과 마음을 자기라 믿고 있으니 확신이 없고 불안한 것입니다.

그렇다면 참다운 자기는 무엇일까요?

제가 하나 묻겠습니다. 이제까지 살아오면서 자기가 없었던 경험이 있었습니까? 태어나기 전에는 자기가 없었습니까? 죽은 다음에는 자기가 없을까요? 태어나기 전이나 죽은 다음은 모르겠고, 어젯밤 꿈도 없는 깊은 잠속에서는 자기가 없었습니까?

꿈도 없는 깊은 잠속에서 자기가 없었다고 아는 그것은 무엇입니까? 꿈도 없는 깊은 잠속에서는 몸과 마음을 지각할 수 없습니다. 즉 몸과 마음은 없었습니다. 그럼에도 불구하고 무엇이 지금 어젯밤 꿈도 없는 깊은 잠속에서는 자기가 없었다고 증언하고 있습니까?

한시도 벗어난 적이 없는 것이 바로 자기입니다. 모든 것을 보는 눈이 자기 스스로를 볼 수는 없지만 보는 작용을 통해 자기 존재를 확인할 수 있는 것처럼, 이것이 자기라고 대상화해서 알 수는 없지만 자나 깨나 꿈꾸나 모든 것을 지각하는 무엇이 있다는 사실을 확인할 수 있습니다.

바로 지금 눈앞에서 아무 노력 없이 모든 것을 알아차리고 있는 그것입니다. 언제나 늘 이렇게 있었기 때문에 마치 없는 줄 알았을 뿐입니다. 다른 모든 것은 모두 알아차리지만 자기 스스로를 다시 알 수 없기 때문에 모르는 줄 알았을 뿐입니다.

이렇게 아무 노력할 필요 없이 있고, 이렇게 모든 것을 저절로 알아차리고 있는 것이 바로 자기입니다. 이 평범하고 당연한 눈앞의 진실이 자기입니다. 모든 생멸변화가 일어나는 당장의 이 자리가 결코 벗어날 수 없는 참다운 자기 자리입니다. 자기를 믿으십시오.

자기 마음은 찾을 수 없다

자기 마음을 관찰해 보십시오. 자기의 마음이 보입니까? 자기의 마음이 느껴집니까? 지금 자기의 마음은 어떻습니까?

만약 자기의 마음이 관찰되고 느껴진다면, 그것은 참된 자기의 마음이 아닙니다.

많은 사람들이 스스로 깨닫지 못하는, 사소하지만 중요한 사실은 자기의 마음이라는 것이 따로 있다는 착각입니다. 자기가 곧 마음이기에, 진정한 자기의 마음, 자기인 마음은 따로 있는 것이 아닙니다.

바로 지금 한 생각 일으키는 이 자리에 언제나 늘 변함없이 있는 것이 마음입니다. 모든 것을 관찰하고 느끼고 알고 있는 것이 마음입니다.

마음을 관찰하는 주관으로서의 마음이 따로 있고, 그 주관에 의해 관찰되는 객관으로서의 마음이 따로 있는 것이 아닙니다. 그러한 주객의 분리는 허망한 생각에 의한 분별 망상으로 모든 고통과 불만족의 뿌리입니다.

본래 모든 능력을 원만하게 갖추고 있는 이 마음은 따로 얻을 수도 없고 결코 잃어버릴 수도 없습니다. 아무런 모양도 속성도 없지만 분명하게 살아서 작용하고 있습니다.

이미 있는 이 마음을 두고, 허망한 분별의 소산인 주체가, 또 다른 허망한 분별의 소산인 객체로서의 마음의 상태를 어찌해 보려는 것이 오히려 마음을 어지럽게 합니다. 차라리 당장에 모든 것을 잊고 무심한 것만 같지 못합니다.

애쓰지 마십시오. 구하지 마십시오. 찾지 마십시오. 깨달으려 하지 마십시오. 그저 존재하십시오. 이미 지금 여기 온전히 존재하고 있음을 돌아보십시오. 의식의 대상을 구하지 말고 의식하고 있음을 자각하십시오.

소를 타고 소를 찾는다

소를 타고 소를 찾는다는 말이 있습니다. 바로 지금 여기 있는 것을 살펴보지 못하고, 다른 어딘가에 있을 것 같은 대상을 좇는 것이 이 공부를 한다는 사람들의 어리석음입니다. 이미 완전하게 주어져 있는 것은 얼핏 모자란 것처럼 느껴집니다. 언제나 항상 있었던 것은 정신을 차리고 보지 않으면 그 존재를 알아차리기 어렵습니다.

어떤 느낌도 아니고, 어떤 감정도 아니고, 어떤 생각도 아니지만, 모든 느낌으로, 모든 감정으로, 모든 생각으로 드러나는 것이 있습니다. 깊은 잠 속에서는 나도 없고 세계도 없었고, 꿈속에서는 나도 흐릿하고 세계도 흐릿하고, 깨어서는 나도 뚜렷하고 세계도 뚜렷하지만, 그 모든 경계의 변화가 자연스럽게 오가는 텅 빈 의식의 배경은 늘 이어집니다.

한 생각을 일으켜 뭔가를 찾으려 하면 이미 있는 배경 위에서 찾는 자와 찾는 대상의 허망한 그림자 놀음을 하는 것입니다. 오히려 그 한 생각이 일어나는 배경으로 의식이 돌아가는 순간, 이미 있었기에 다시 찾을 바 없는 의식 자체를 찾은 것입니다. 찾을 수 없는 것을 찾고, 얻을 수 없는 것을 얻은 것입니다. 찾았지만 찾은 바 없고, 얻었지만 얻은 바 없는 것입니다.

215

스스로 똑똑하다고 여기는 어리석은 사람들은 이 말을 들으면 비웃겠지만, 참으로 이 소식을 밝게 본 사람들은 미소를 머금을 것입니다. 비밀 아닌 비밀이요, 만천하에 공개된 진실인 것을 스스로 눈이 어두우면 보지 못하니 참으로 불가사의하다 할 뿐입니다. 『증도가(證道歌)』[22]에서도 "배움을 끊어 버린 함이 없는 한가한 도인은 망상도 없애지 아니하고 참됨도 구하지 않는다."고 하였습니다.

이미 있는 것을 발견하는 방법은 찾는 노력을 쉬는 데 있습니다. 그러나 이러한 말을 듣고 찾는 노력을 쉬려고 하면, 그것이 다시 뭔가를 찾는 노력이 됩니다. 그러므로 모름지기 공부하는 사람은 이럴 수도 없고 저럴 수도 없는 상황에서 한 번 스스로 몸을 솟구쳐 살아날 계책을 마련할 수 있어야 합니다. 『채근담(菜根談)』[23]에 다음과 같은 말이 있습니다.

"사람이 당장에 쉴 생각을 했으면 곧 그 자리에서 쉴지어다. 만약 쉴 곳을 찾으려 한다면 비록 아들딸 시집 장가 보내는 일이 끝났다 하더라도 일이 또한 적잖이 남느니라. 승려와 도사가 비록 좋다 하나 그런 마음으로는 세속의 마음이 또한 끝나지 않는다. 옛사람이 이르기를 '지금 쉬려거든 곧장 쉬어라. 만약 끝날 때를 찾는다면 끝날 때가 없으리라.' 했으니, 참으로 밝은 견해로다."

어떻게 해야 곧장 쉴 수 있을까요? 내가 나를 의식할 때, 의식하는 것이 나인가요, 의식되는 것이 나인가요? 의식하는 것도 내가 아니요, 의식되

---

22 당(唐)의 영가현각(永嘉玄覺, 665~713) 선사가 선(禪)의 핵심을 운문으로 읊은 글.

23 중국 명(明) 말의 환초도인(還初道人) 홍자성(洪自誠)의 어록.

는 것도 내가 아니면, 어떤 것이 나입니까? 입을 열어도 틀리고 입을 다물어도 틀립니다. 눈을 깜빡이고, 방바닥을 치거나, 주먹을 들어 보여도, 모두 허튼 수작입니다. 바로 이러할 때 어떤 것이 참된 나입니까?

눈이 눈을 볼 수는 없다

　중생의 무명(無明), 어리석음이란 '나'라고 하는 인식의 초점, 기준에 대한 무의식적 집착입니다. '나'라는 초점이 있음으로 인해 온갖 경계가 상대적으로 세워지고 거기에 끄달리는 미혹(迷惑), 미망(迷妄)이 생기는 것입니다. 물리적, 심리적 영향이 '나'라는 초점으로 수렴될 때, 어떤 영향에 대해서는 긍정적인 반응을 보이고, 어떤 영향에 대해서는 부정적인 반응을 보입니다. 좋음과 싫음, 이 두 가지 반응이 모두 번뇌의 단초입니다.

　이 '나'라는 인식의 초점이 경계와 상대적으로 맞서 있는 또 다른 경계라는 사실을 돌아보십시오. '나'가 경계를 분별하고 있는 것이 아니라, '나'와 '경계'로 인식되는 작용 자체가 분별심입니다. '나'와 '경계'가 알려지고 있다는 이 사실에서 그 모두를 아는 앎을 다시 알려 하면 아는 자와 아는 대상의 끝없는 분열이 이어집니다. 알려고 해서는 참으로 알 수 없습니다. 앎이 더 이상 나아갈 수 없는 곳에서, 판단 중지, 멈춤, 인식의 비약적 전환, 깨달음이 일어나야 합니다.

　근세의 대선지식이셨던 경봉 스님의 시 가운데 다음과 같은 작품이 있습니다.

자기의 눈을 크게 뜨고 자기의 눈을 보려 하나
하루 종일 천 번 어렵고 만 번 어렵다네.
비록 두 눈썹 밑을 잃어버리지 않았으나
마침내 그대를 알지만 스스로 볼 수 없다네.

앎에도 속하지 않고 모름에도 속하지 않는 있는 그대로의 성품, 마음, 의식은 알 수 없습니다. '나'라는 인식의 초점에 의해 인식되는 대상이 아닙니다. '나'라는 인식의 초점 이전의 바탕, 본체는 '나'에 의해 파악될 수 없습니다. 다만 '나'와 '경계'가 인식되고 파악된다는 사실에서 갑작스러운 인식의 전환, 깨달음이 와야 합니다. 그 깨달음은 '나'의 깨달음이 될 수 없습니다. 문득, 생각이 끊어진 것 같은 순간, 만물이 저절로 그러함을 수용하게 될 뿐입니다.

아는 자를 알 수는 없다

'나'라는 인식의 초점을 기준으로 옳고 그름, 좋고 싫음을 나누는 것이 미혹이자 미망이라고 했습니다. '나'라는 인식 주체가 '나'와 분리되어 있는 대상 경계와의 관계 속에서 흔들리는 것이 바로 번뇌입니다. '나'라는 주체의 관점에서 하는 모든 행위가 곧 함이 있는 법, 유위법(有爲法)입니다. 그 행위들이 곧 습(習)이 되고, 업(業)이 됩니다. 본래 텅 빈 허공에서 일정한 조건에 따라 신기루가 발생하듯 조건화된 사고와 행동의 패턴이 반복되는 것입니다.

그러나 진실은 인식의 초점인 '나'를 포함한 외면과 내면의 무수한 현상들이 앎의 대상일 뿐이라는 사실입니다. 객체를 인식하는 주체마저 인식되고 있다는 이 사실을 잘 살펴봐야 합니다. 대상들을 아는 자와 아는 대상으로 끝없이 분리시키고 있는 '이것'은 도대체 무엇일까요? 여기서 '이것'을 다시 알 수 있다면 그 역시 주객으로 분리된 것입니다. 아는 자를 알 수 있다면 그것은 진정한 아는 자가 아니라, 아는 자라는 앎의 대상일 뿐입니다.

분명 앎, 인식, 지각, 느낌은 있는데 그것을 아는 자, 인식하는 자, 지각하는 자, 느끼는 자가 따로 없습니다. 아는 자, 인식하는 자, 지각하는 자, 느끼는 자가 없다면 어찌 앎, 인식, 지각, 느낌 역시 따로 있을 수 있겠습니까? 주체와 객체, 그리고 그 사이에 벌어지는 작용 모두가 실제로는 그런 일이 없다는 것입니다. 모든 모양이 모양이 아니요, 일체의 유위법이 꿈같고 환상 같고 번갯불 같습니다. 법계(法界)가 그대로 연기(緣起)의 작용[24]일 뿐입니다.

---

24 이 우주의 모든 현상은 함께 의존하여 일어나 걸림 없이 서로가 서로를 받아들이고 서로가 서로를 비추면서 끊임없이 흘러가는 장엄한 세계라는 관점.

눈앞으로 돌아오라

자연스럽게 주의를 눈앞으로 가져와 보십시오. 어떤 특정한 경계, 자극에도 관심을 갖지 말고 그저 의식을 열어 둔다는 느낌으로 있어 보십시오. 아무런 노력 없이 시야에 사물들의 모습이 들어옵니다. 어떤 의도도 없는데 소리들이 들립니다. 신체의 감각이 자연스럽게 감지됩니다.

지각되고 인식되는 것들은 바로 지금 여기 눈앞의 투명한 의식, 허공 같은 의식 위에 드러납니다. 그것들은 결코 서로 분리되어 있는 것이 아닙니다. 나를 포함한 온 우주가 바로 지금 이 순간의 한 생각입니다. 한 덩어리의 의식 자체가 저절로 온갖 대상으로 벌어져 있는 것처럼 드러나고 있습니다.

생각으로 미루어 짐작하면, 인식하는 자와 인식되는 천차만별의 대상 사이에서 우왕좌왕하게 됩니다. 그것이 근본적이면서 미세한 망상, 미혹입니다. 스스로가 스스로에게 속고, 스스로가 스스로를 속이는 것입니다. 모든 추구와 헤아림을 멈추고 이미 분명하게 드러나 있는 눈앞으로 돌아와야 합니다.

한동안 그러다 보면 비로소 문득 스스로 고개를 끄덕이는 일이 저절로 벌어지게 될 것입니다.

자기를 믿으라 2

자기가 자기를 믿지 못하는 것이 이 공부에서 가장 큰 장애입니다.

자기 육체는 믿지만 자기는 믿지 못합니다.
자기 느낌은 믿지만 자기는 믿지 못합니다.
자기 감정은 믿지만 자기는 믿지 못합니다.
자기 생각은 믿지만 자기는 믿지 못합니다.

자기를 육체, 느낌, 감정, 생각에 제한된 것으로 착각하는 한, 완전한 깨달음, 불이의 증득, 하나의 체험은 불가능합니다.

그 모든 망령된 동일시를, 그 모든 망상을 저절로 내려놓게 될 때, 본래 아무 문제가 없이 완전하다는 사실을 저절로 깨닫게 됩니다.

자기를 똑바로 보는 것이 자기를 믿는 것입니다. 자기를 확실히 보지 못했으니 자기를 믿지 못하는 것입니다.

부처는 다름 아니라 자기를 바로 보고 자기를 믿는 사람일 뿐입니다.

자기에게 돌아오라

깨달음의 체험, 인식의 전환이 가져다주는 통찰, 또는 자각은 '나' 중심적 사고방식, 인식의 주체로서 고정불변한 '나'가 있다는 생각과의 동일시에서 벗어나게 해 준다는 것입니다. 오랜 세월 동안 습관화된 이분법적 사고 패턴에서 일순간 벗어나는 경험이 흔히 말하는 일별, 초견성이라 할 수 있습니다. 흡사 어두운 하늘에 번갯불이 번쩍하는 순간, 어둠 속에 분명하지 않았던 풍경이 한눈에 들어오는 것과 같습니다.

그 후, 많은 경우, 한동안 아무 문제가 없는 것 같은 시간들을 보내다 다시 예전의 습관적 사고 패턴 속으로 돌아가게 됩니다. 깨달음의 체험이나 통찰, 자각의 힘보다 오랜 세월 반복되어 익어 버린 습기(習氣), 업력(業力)이 더 강한 까닭입니다. 그래서 옛사람들이 체험 이후가 진정한 공부의 시작이요, 구경의 깨달음에 이르기까지 향상의 일로를 가야 한다고 채근했던 것입니다. 산 넘어 다시 산이요, 물 건너 또 물입니다.

한때의 체험 속에 머물러 있어서는 안 됩니다. 모든 것이 그저 이 일일 뿐이라는 자기위안 속에 살림살이를 짓고 들어앉아서는 안 됩니다. 깨달음을 방패 삼고, 깨달음 뒤에 숨어서는 안 됩니다. 지나간 깨달음의 체험

도, 그로부터 생긴 깨달음의 지견마저 모두 놓아 버리고 바로 지금 여기
이 순간, 이 존재로 돌아와야 합니다. 아무것도 더해진 바 없고, 어떤 것도
잃어버린 바 없는 본래 그대로의 자기로 돌아와야 합니다.

생사의 번뇌에서 벗어나는 것 예삿일이 아니니
고삐를 바짝 잡고 한바탕 일을 치러야 하네.
매서운 추위가 한번 뼈에 사무치지 않는다면
어찌 코를 찌르는 매화 향기를 얻을 수 있으리오.[25]

---

25 황벽 선사의 게송.

어디에서 나를 찾으랴

자기 배꼽에서 향내가 나는 줄 알지 못하고 향내의 출처를 찾아 온 세상을 헤매다 비참하게 죽은 사향노루 이야기를 들은 적이 있습니다.

너무나 가까이 있어서 오히려 찾기 어려운 것이 바로 우리의 본래면목입니다.

모든 것을 주관과 객관으로 나누어 살피는 우리의 뿌리 깊은 업식(業識) 탓에 당연히 자기 바깥에서 무언가를 찾는 것이 우리의 습성이 되었습니다.

그것이 바로 어리석음입니다.

찾는 자도, 찾는 대상도, 찾는 행위도 모두 꿈이요, 환상입니다. 바로 지금 여기 이 순간 모든 것이 인연 따라 실제로 존재하는 듯 보이고 들리고 느껴지고 알려질 뿐입니다.

본래 한 물건도 있지 않습니다.

찾는 자가 본래 없으니 찾을 것이 어디 있으며, 찾는 자와 찾는 대상이 없는데 찾는 행위 또한 어디 있겠습니까? 스스로 눈이 어두워 헛것을 실제라 착각할 뿐입니다.

그러함에도 불구하고 여전히 해는 동쪽에서 뜨고 서쪽으로 집니다. 아침이면 일어나 일터에 나가 열심히 일하고, 저녁이면 집에 돌아와 발을 닦고 잠자리에 듭니다.

인생 백년, 삼만 육천오백 일, 늘 반복하는 이것을 벗어나 어디에서 나를 찾겠습니까? 있음에도 속지 않고 없음에도 머물지 않습니다. 있음과 없음에 걸림 없는 가운데 한 길이 있으니 그 길은 지금 어디에 있을까요?

이 한 생각이 지금 어디에서 일어나고 있습니까?

어디로 갈거나

자기가 자기에게로 돌아오려면
어디로 얼마만큼 움직여야 하나요?

눈이 눈 자신을 보려면
어디로 어떻게 눈길을 돌려야 하나요?

어디로 얼마만큼 움직이든
자기에게서 한 치도 벗어나 있지 않습니다.

어디로 어떻게 눈길을 돌리든
보는 눈은 언제나 멀쩡하게 있습니다.

이 당연하고 단순한 사실을 깨닫는 순간
모든 문제가 차지할 시공간이 사라질 뿐입니다.

자기를 믿으라 3

자기를 믿습니까? 언제나 변함없이 존재하는 그 무엇, 모든 경험의 주체이자 유일한 목격자, '나'라는 이름으로 부르는 그 무엇을 진정으로 믿습니까?

우선 흔히 자기, '나'로 동일시하는 육체를 살펴봅시다. 육체는 시간의 흐름에 따라 변합니다. 그러나 변함없는 주체로서의 자기, '나'가 있음의 느낌은 변하지 않습니다. 육체 역시 이 자기, '나'에 의해 경험되고 목격되는 대상일 뿐입니다.

그 다음, 느낌이나 감정, 생각을 살펴봅시다. 1분 전에는 어떤 느낌, 감정, 어떤 생각을 하고 있었습니까? 바로 지금 이 순간의 느낌, 감정이나 생각과 100% 일치합니까? 아마 결코 그렇지 않을 것입니다. 느낌, 감정, 생각은 결코 머무르는 바 없이 변화합니다.

그럼에도 불구하고 그것의 경험자, 목격자로서 자기, '나'는 변함이 없지 않은가요? 언제나 변함없이 존재하는 이 순간의 단순한 경험, 이 경험의 공간, 경험의 장을 우리는 자기, '나'라고 부르는 것 아닌가요?

230

자기, '나'라고 하는 것은 재귀대명사, 1인칭 대명사, 거짓 이름에 불과합니다. 그 이름들이 대신 가리키고 있는 실체는 무엇일까요? 바로 지금 이 순간의 이 단순한 경험 아닌가요?

모양과 색깔이 보입니다. 온갖 소리가 들립니다. 냄새와 맛, 촉감이 느껴집니다. 감정과 생각들이 분별됩니다. 그 대상들은 다양하게 변화하지만 그 대상들이 변화하는 배경, 공간, 장은 변함이 없습니다.

이것을 달리 표현하자면, 내용물이 없이 텅 비어 있지만 그 자체로 가득 차 있는 의식, 순수한 의식, 대상 없는 의식, 의식 자체라 할 수 있습니다.

평생 동안 이것이 없었던 적이 있었나요? 당신의 경험을 잘 살펴보십시오. 어떤 대상을 순수하게 아는 이 작용, 이 순수한 앎이 없었던 적이 단 한 번이라도 있었나요?

만약 이것이 없었던 적이 있었다면, 그것을 어떻게 알 수 있었습니까? 예를 들어 깊은 잠속에서는 자기, '나'가 없었다면, 그 사실은 누가 안 것입니까?

부모가 나를 낳아 주기 이전에 자기, '나'가 있었는지 없었는지 모른다고요? 바로 지금 이 순간 눈앞에 드러나 있는 이것이 부모가 나를 낳아 주기 이전의 자기, '나'입니다.

이 육신과 개성이 소멸한 뒤에도 여전히 이것일 뿐입니다. 현존, 나 있음, 있는 그대로임, 여여함, 바로 지금 이것……. 이 모든 허망한 이름들이 바로 지금 당장 이 경험, 아무 노력 없이 존재하는 이 상태를 가리키고 있습니다.

결코 밖에서, 타인에게서, 책에서, 스승에게서 얻을 수 없는 유일한 사실, 실재, 진실입니다. 생각을 해서도 얻을 수 없고, 생각을 안 해도 얻을 수 없습니다. 이것이 생각의 근원이기 때문입니다. 오히려 생각을 멈추면 이 미묘한 근원을 색다른 방식으로 감지할 수 있을지도 모릅니다.

진정한 자기, '나'를 믿고 거기에 순복하십시오. 자기, '나'는 언제나 바로 지금 여기 이 순간 이 자리에 있습니다. 이것이 모든 것의 바탕, 창조의 근원입니다. 이미 이렇게 있는 자기, '나'를 버려두고 허망한 관념 속의 또 다른 진실을 찾아 헤매지 마십시오.

너무나 단순하고, 너무나 친밀하고, 너무나 평범한 자기. 1분 전, 1시간 전, 1년 전, 10년 전, 100년 전도 이 자기였고, 1분 후, 1시간 후, 1년 후, 10년 후, 100년 후도 이 자기일 뿐입니다. 우리 각자 육체와 개성은 다르지만, 이 자기, 이 '나' 의식은 동일합니다.

어떻게 아냐고요? 이것은 아무 내용이 없는 순수한 의식, 앎 그 자체이기 때문입니다. 손가락 하나 들어 보이고, 탁자를 딱! 때리는 행위를 통해 많은 이들이 이 사실, 이 하나를 가리켜 보일 뿐입니다. 물결을 일으켜 언제나 있는 물의 존재를 확인시키려 한 것입니다.

너무나 당연한 것, 그것이 진리입니다. 인간이 손댈 수 없는 것, 그것이 진리입니다. 본래 그리 되어 있는 것, 그것이 진리입니다. 이제 그만 헛된 방황을 그치기 바랍니다.

나, 앎, 성품

나는 나의 육체를 알고 있습니다.
나는 나의 감각을 알고 있습니다.
나는 나의 감정을 알고 있습니다.
나는 나의 생각을 알고 있습니다.

나는 〈무엇〉을 알고 있습니다.
여기서 〈무엇〉은 끊임없이 변하는 무상한 것입니다.
영원히 변함없는 것은 나는 〈무엇〉을 알고 있다는 사실입니다.
그러므로 나는 곧 알고 있음입니다.

이 '나', 이 '알고 있음'을 벗어난
육체, 감각, 감정, 생각은 존재할 수 없습니다.
그러므로 이 '나', 이 '알고 있음'이 곧 '존재'입니다.

이 나를 다시 알 수 있을까요?
이 나를 다시 알 수 있다면
그 나는 내가 아닌 남입니다.

이 알고 있음을 다시 알 수 있을까요?
이 알고 있음을 다시 알 수 있다면
그 알고 있음은 알고 있음이 아닌 알려지는 것입니다.

이 존재를 다시 알 수 있을까요?
이 존재를 다시 알 수 있다면
그 존재는 유일한 존재가 아닌 두 번째 존재입니다.

나 없는 나,
알지 못하는 앎,
존재하지 않는 존재가 있습니다.

바로 지금 여기 이 순간
이 자리의 나

바로 지금 여기 이 순간 이 자리에 존재하기 위해서
당신은 어떠한 노력을 하고 있습니까?

바로 지금 여기 이 순간 이 자리에 존재하기 위해서
코끝에 의식을 모으고 호흡을 관찰해야만 합니까?

바로 지금 여기 이 순간 이 자리에 존재하기 위해서
자나 깨나 화두를 놓치지 않고 의심삼매에 들어야만 합니까?

바로 지금 여기 이 순간 이 자리에 존재하기 위해서
물라다라 차크라에서 사하스라라 차크라까지 쿤달리니[26]가 상승해야만
합니까?

---

26 힌두교와 탄트라 불교 일부 종파의 비의적인 신체 수련에서 중시되는 차크라(chakra)는 정신적인 힘
과 육체적인 기능이 합쳐져 상호작용을 하는 초점으로 생각된다. 6개의 중요한 차크라가 대략 척수를
따라 위치해 있고 다른 하나는 두개골 최상부에 위치해 있는데 이들이 가장 중요한 차크라이다. 이들
중 가장 중요한 것은 척추의 가장 밑부분에 위치한 가장 낮은 차크라인 물라다라(muladhara)와 머리
최상부에 위치한 가장 높은 차크라인 사하스라라(sahasrara)이다. 물라다라는 신비한 신적 잠재력인 쿤
달리니(kundalini)를 둘러싸고 있는데, 쿤달리니는 요가 수련을 통해 한 차크라에서 다음 단계의 차크
라로 올라가서 마침내 사하스라라에 도달해서 깨달음을 이룬다고 한다.

바로 지금 여기 이 순간 이 자리에 존재하기 위해서
고기는 물론 멸치국물과 라면스프에 든 쇠기름마저 먹지 말아야만 합니까?

그 모든 행위와 노력들 때문에 오히려
번번이 바로 지금 여기 이 순간 이 자리를 벗어나는 것은 아닌가요?

언제나 바로 지금 여기 이 순간 이 자리의 나 자신으로 있으면서
있지도 않은 관념 속의 이상향, 상상의 참나를 그려 놓고 그리워하고 있지 않은가요?

당신은 언제나 항상 바로 지금 여기 이 순간 이 자리의 나로서 존재하지 않았나요?

바로 지금 여기 이 순간 이 자리의 나에게 지각되는
느낌이나 감정, 생각, 현상들은 끊임없이 변했지만,

언제나 그 변화들은
바로 지금 여기 이 순간 이 자리의 나에 의해 지각되지 않았나요?

그 순수한 지각 자체가
바로 지금 여기 이 순간 이 자리의 나 아닌가요?

바로 지금 여기 이 순간 이 자리에서 보입니다.

바로 지금 여기 이 순간 이 자리에서 들립니다.
바로 지금 여기 이 순간 이 자리에서 느낍니다.
바로 지금 여기 이 순간 이 자리에서 압니다.

심지어 모든 고통과 괴로움마저도
바로 지금 여기 이 순간 이 자리에서 드러납니다.
모든 것이 바로 지금 여기 이 순간 이 자리의 나 자신입니다.

이 텅 빈 지각의 성품, 앎의 공간, 인식의 장,
이 현실 자체, 나와 세계 전체가
바로 지금 여기 이 순간 이 자리의 나입니다.

어떤 노력도 필요치 않습니다.
어떤 수행도 필요치 않습니다.

반드시 특별한 체험을 해야 할 필요는 없습니다.
항상 특별한 의식의 상태일 필요도 없습니다.

그저 아무 의도 없이 무심해지는 순간,
문득 한순간 저절로 고요가 찾아오는 순간,

언제나 그 자리에 있었지만 알아차리지 못했던 의식의 공간,
언제 어디서나 변함없이 존재했던 침묵을 깨달을 수 있습니다.

너무나 자연스럽고, 너무나 당연한 자기 존재를 확인하게 됩니다.

언제나 변함없이 존재했던 것을 새삼 확인한 것이니
깨달았다 내세울 것이 없습니다.
그저 어떻게 이 사실을 모르고 살아왔는지가 더 신기할 따름입니다.

시간이 지날수록 마음은 더욱 고요해집니다.
아무 노력이 없는 가운데 마음은 점점 더 고요해집니다.

원하는 것도, 구하는 것도, 바라는 것도 없습니다.
바로 지금 여기 이 순간 이 자리의 있는 그대로의 나로 만족합니다.

그 고요한 바탕 위에서 사랑과 평화가 자라기 시작합니다.
나와 결코 분리되어 있지 않은 존재들에 대한 연민이 싹트기 시작합니다.

나와 세계라는 헛된 분리에서 비롯한 모든 투쟁이 끝나고
내맡김, 내려놓음, 열림의 여정이 시작됩니다.

이제 삶은 거대한 신비, 위대한 신성의 현현입니다.
나는 사라지고 오직 삶이 있을 뿐입니다.

생명의 호흡, 생명의 약동, 영원한 생명의 춤이 있을 뿐입니다.

6

구도자는 없다

'나'가 '깨달음'을 구해 나서는 구도의 길을 가기 전에, '나'는 진정 어디 있는
지부터 살펴봐야 합니다. 그 '나'는 진정 무엇인지 살펴봐야 합니다

공부인을 위한 조언

1. 바깥으로 구하는 마음을 쉬십시오. 바로 지금 이 순간 자기 눈앞에서 벌어지는 일만이 진실입니다.

2. 이 사람, 저 사람의 말을 많이 듣고 서로 비교하거나 짜맞추거나 어떤 현묘한 도리나 비범한 체험을 구하지 마십시오.

3. 깨달음은 온전히 본인의 몫으로 새롭게 얻거나 성장, 발전시킬 수 있는 대상이 아닙니다. 이미 있는 것을 새삼 확인할 뿐 다른 일이 있는 것은 아닙니다.

4. 공부 경계의 변화에 일희일비하지 마십시오. 변하는 것은 진리가 아닙니다. 관심의 초점이 변화하는 것에서 변화하지 않는 것으로 자연스럽게 전환되어야 합니다.

5. 공부를 가르치는 사람에게 자기 욕망을 투사하지 마십시오. 가르치는 사람과 배우는 사람은 하등의 차별이 없습니다. 그러므로 도반끼리 공부의 심천을 비교하지도 마십시오.

6. 무엇보다 공부에 대한 발심, 이 공부를 소중히 여기는 마음이 있어야 합니다. 세속적 불만이나 고통에서 벗어나기 위한 수단으로 이 공부를 여긴다면 반드시 한계에 부딪히게 됩니다.

7. 공부를 하려면 성실하고 끈기가 있어야 합니다. 영적인 진화와 성숙에는 현상적으로 오랜 시간이 걸립니다. 애벌레가 나비로 환골탈태하는 데는 고치 속에서 보내는 암담한 시간이 필요합니다.

8. 자기를 믿으십시오. 자기를 바로 보아야 자기를 믿을 수 있습니다. 자기를 느낌, 감정, 생각과 동일시하는 한 끝없이 흔들릴 뿐입니다. 변함없는 자기, 내 의지와 상관없이 존재하는 자기를 믿으십시오.

9. 자기 의심이 확실하게 소멸할 때까지 공부에 매진하십시오. 한 점의 의심이라도 있으면 결코 깨달음이 아닙니다. 삼계를 완전히 삼켜서 나머지가 있어서는 안 됩니다.

10. 생사의 문제가 해결되었는지 스스로에게 물어보십시오.

영적 체험의 함정

사람들이 마음공부라는 것을 하다 보면 자기도 모르게 이른바 영적 체험, 깨어남의 경험이라는 것을 하게 됩니다. 그 체험이란 것의 스펙트럼은 아주 단순한 "아하!" 하는 통찰의 경험에서부터, 자기를 잃어버리고 우주와 하나가 되는 듯한 황홀경에 이르기까지 다양합니다. 그렇지만 공통된 속성이 딱 하나 있으니 어떤 체험이든 조만간 사라진다는 것입니다!

이러한 체험 이후 많은 사람들에게서 보이는 현상 가운데 동일한 이유 때문에 생기는 두 가지 부정적인 반응이 있습니다.

첫째는 우월감, 영적 오만, 또는 각견(覺見) 즉 깨달았다는 소견이 생기는 것입니다. 특히 남성들, 그리고 오랫동안 이 계통의 공부를 하면서 깨달음에 대한 선입견을 자기도 모르게 갖고 있는 사람의 경우, 영적 체험이라는 것이 이러한 조건화에 묶여 있는 사람들로 하여금 그러한 부정적 반응을 보이도록 만듭니다.

그들의 일반적인 특징은 자신이 알고 있는 것을 다른 사람들에게 알리고 가르치는 데 열정적이라는 것입니다. 이것이 이른바 '구루(guru) 병[27]'입니다. 그러한 행동은 자신이 아직 체험이 온전히 체화되지 않은 상태에서 영적 깨달음을 자기의 소유물로, 자기를 특별하게 만드는 표상으로 내세우는 분별심에서 비롯됩니다.

이런 경우 시간이 지남에 따라 체험에서 얻은 경계는 사라지고 희미한 깨달음의 기억만 남은 채 다시 또 다른 영적 체험을 찾아 헤매는 부류와, 자기 생각과 실제 상태와의 괴리를 교묘한 알음알이로 극복하려는 부류 등으로 다시 나뉩니다.

둘째는 체험 이후 오히려 공부의 동력을 잃어버리고 극심한 정체감, 허탈감, 허무감, 권태로움에 빠지는 경우입니다. 자신의 선입견과 달리 영적 체험이 당장 자기 삶의 문제 해결에 아무런 힘을 쓰지 못한다는 사실과 만난 대다수의 체험자들이 이런 반응을 보입니다.

많은 보통의 사람들과 같이 그들 역시 깨달음이라는 만병통치약만 먹으면 삶의 모든 문제가 금세 해결될 거라는 유치한 신화를 믿고 있었던 것입니다. 깨달음은 정확히 있는 그대로의 자신으로 돌아오는 일입니다. 그것은 모든 거짓된 신념, 신화에서 벗어나는 것으로, 깨달음마저도 거기에서 예외가 될 수는 없습니다.

---

27 구루(guru)는 힌두교, 불교, 시크교 및 기타 종교에서 일컫는 스승으로 자아를 깨달은 신성한 교육자, 스승을 지칭한다. '구루병'이란 다른 사람들의 스승 노릇을 통해 사적인 욕망을 투사하는 비뚤어진 수행자들을 비판하는 말이다.

이런 경우 대부분 어느 정도 시간이 지나면 물러나 포기하고, 예전의 상태 또는 그보다 못한 상태로 떨어집니다. 그리고 일부는 극심한 회의주의자가 되기도 합니다.

첫 번째와 두 번째의 경우 모두, 영적 체험에 대한 잘못된 기대와 착각에서 비롯되는 부작용이라는 점에서는 동일합니다. 영적 체험은 신비롭고 불가사의하며 그것을 경험한 사람에게는 이른바 구원과 해탈을 가져올 것이라는 탐욕과 어리석음 때문에 그러한 부작용이 벌어집니다. 사실 이것은 있는 그대로의 자기 자신과 현실을 회피하는 수단으로 영성, 마음공부, 깨달음을 구하기 때문에 벌어지는 부작용입니다.

진정한 영적 체험

흔히 많은 사람들이 깨달음을 비일상적인 영적 체험과 결부시킵니다. 신체 감각적 수준과 정서적, 인지적 측면에서의 혁명적 변화를 흔히 신비 체험, 깨달음의 체험이라 생각합니다. 물론 그러한 변화, 그러한 일별과 더불어 진정한 깨어남, 깨달음이 시작되는 경우가 일반적입니다.

그러나 많은 경우 영적 체험을 한 사람은 '나는 이러한 체험을 하였다.' 는 고정된 견해에 사로잡혀 있고, 영적 체험을 하지 못한 사람은 '나는 그러한 체험을 하지 못하였다.'는 고정된 견해에 사로잡혀 있습니다. 이 두 가지의 경우 모두 진정한 영적 체험이 무엇인지, 영적 체험의 본질을 깨닫지 못한 것입니다.

진정한 영적 체험은 한순간 번쩍 하고 사라지는 허망한 경계의 체험이 결코 아닙니다. 그러한 경계의 체험보다 중요한 것은 그 경험을 통해 자연스럽게 일어나는 안목의 변화입니다. 체험은 일순간 벌어지지만 그 체험을 통한 안목의 변화는 시간의 흐름과 함께 서서히 진행됩니다.

갑작스러운 체험의 이후에는 여전히 자아중심적 관점에서 체험을 해석하게 되기 때문에 '내가 이런 체험을 했다.'는 분별망상, 법상(法相)을 갖게 됩니다. 법상은 아상(我相), 자아의식의 다른 표현에 불과합니다. '내가 뭔가를 알았다. 내가 깨달았다.'는 것 역시 또 다른 분별망상, 착각일 뿐입니다.

안목이 있는 사람과의 만남을 통해 직접 가르침을 받거나, 체험에 머물지 않고 스스로 계속해서 탐구를 해 나가다 보면, 그러한 착각, 오류, 또 다른 집착을 깨닫게 됩니다. 과거 공부인들 가운데 여러 차례 깨달음을 경험했다는 말들이 그러한 착각에서 벗어나는 경험들을 말한 것입니다.

깨달음이란 단순한 지각과 인지상의 변화만이 아니라 오랜 세월 동안 심신에 각인된 습관적 조건화와 경향성에서 풀려나는 과정이 동반됩니다. 그러한 해방과 해탈의 과정에서 안목이 열리고 성숙해지는 것입니다. 그러다 어느 순간, 마지막 의심이 사라지면서 본래 있는 그대로 완전하다는 사실에 계합하게 됩니다.

그 순간, '나'라는 주인공이 펼쳤던 모든 영적인 드라마는 어젯밤의 꿈과 같은 이야기라는 사실에 사무치게 됩니다. 깨달음, 깨달음의 체험이 따로 있는 것이 아니라 언제나 항상 우리가 경험하고 있는 눈앞의 이 사실이라는 것에 의문이 없게 됩니다. 본래부터 깨달아 있다는 말을 깊이 긍정하게 됩니다.

그러면서 모든 사람들이 지금 이 순간 완전히 깨달아 있으면서도 스스로는 그러한 사실을 깨닫지 못하고 있다는 사실에 경악을 하게 됩니다. 이미 깨달아 있으면서도 깨달음과 깨달음의 체험을 구하고 있다는 사실에 실소를 금치 못하게 됩니다. 깨달음보다 더 놀라운 것은 이 환상, 이 착각, 이 어리석음 자체입니다.

진정한 영적 체험, 깨달음의 체험은 우리가 언제 어디서나 항상 경험하고 있는 바로 이 경험입니다. 경험의 내용이 아니라, 경험들이 일어난다는 사실 자체입니다. 특정한 체험이 아니라 그러한 체험들이 벌어지고 있음 자체입니다. 언제나 항상 경험하고 있기 때문에 미처 그 사실을 돌아보지 못했을 뿐입니다.

항상 있는 것은 마치 없는 것 같고, 늘 알고 있는 것은 마치 모르는 것 같습니다. 보지만 볼 수 없고, 볼 수는 없지만 봅니다. 듣지만 들을 수 없고, 들을 수 없지만 듣습니다. 느끼지만 느낄 수 없고, 느낄 수 없지만 느낍니다. 알지만 알 수 없고, 알 수 없지만 압니다. 있음과 없음, 앎과 모름에 치우치지 않는 이것!

이것이 진정한 영적 체험의 본질입니다.

깨달음 이후의 깨달음

생각보다 많은 사람들이 예기치 못한 순간 선명한 깨달음의 체험을 경험합니다. 전혀 뜻밖의 순간, 어떤 사전 예고도 없이 일순간 있는 그대로의 진실을 목도하게 됩니다.

흔히 생각이 멈춘 듯한 순간, 세상이 정지한 것 같은 느낌, 눈앞이 또렷해지는 경험, 몸과 마음의 무거운 짐이 일시에 내려놓이는 듯한 안락함, 온몸을 전율시키는 황홀감 등등의 경험이 수반되기도 합니다.

그리고 이제까지는 막연하게 이해하고 있었거나 전혀 이해할 수 없었던 진실에 대한 가르침들이 마치 자신의 이야기처럼 너무나 당연한 사실로 아무 막힘 없이 소화됩니다.

그러면서 자연스럽게, '나는 깨달았다!', '이런 것이 깨달음이구나!'라는 지견이 생기게 됩니다. 십중팔구 대부분 이러한 내면의 과정을 거치기 마련입니다. 문제는, 그러한 과정에서 스스로 '보게 된 것'보다 새롭게 '얻게 된 것'에 자기도 모르게 집착하게 된다는 사실입니다.

자신이 그 순간 '보게 된 것'은 무엇이라 규정할 수 없는 살아 있음, 아무 내용이 없는 순수한 의식 자체였습니다. 그동안 실재하지 않는 생각과 감정의 가림 때문에 보지 못했던 있는 그대로의 진실을 보았을 뿐입니다.

그런데 그 과정 속에서 대부분의 경우 경험한 체험의 내용, 즉 선명함, 또렷함, 가벼움, 편안함 등등의 새롭게 '얻게 된 것'을 유지하려 하거나 더욱 증장시켜 나가려는 헛된 집착을 갖게 됩니다. 경험은 변화하게 마련이고 집착은 그러한 변화에 저항하게 됩니다.

그것이 또 다른 혼란, 불만족과 괴로움의 원인이 됩니다. 여전히 '나'라는 것을 모든 경험의 주체로 여기기 때문입니다. 깨달음 이후의 공부, 깨달음 이후의 깨달음이라는 것은 바로 이러한 착각에서 벗어나는 과정입니다.

'나'를 중심으로 살아온 우리의 습관, 경향성은 비록 한두 차례의 특별한 체험만으로 극복되지는 않습니다. 오히려 뭔가를 아는 '나', 뭔가 특별한 것을 체험한 '나'라는 헛된 자아상, 에고의식을 강화시키는 위험을 초래하기도 합니다.

이때 필요한 것이 솔직함과 용기입니다. 온갖 체험 이후에도 실제로는 자신이 아무것도 얻은 것이 없다는, 달라진 것이 없다는 사실을 솔직하게 인정해야 합니다. 그리고 그 솔직한 인정에 뒤따르는 실망감, 허탈함, 절망감에 굴하지 않고 계속해서 앞으로 나아가는 용기가 있어야 합니다.

짧지 않은 시간이 요구됩니다. 성숙을 위해 반드시 거쳐야 할 시간이 있습니다. 낡은 습관과 경향성, 조건화에서 벗어나는 시간이 반드시 필요합니다. 어떤 의미에서 참다운 공부란 바로 이러한 시간을 견뎌 나가는 과정입니다. '나'라는 경험과 해석의 중심이 점차 소멸해 가는 과정이 있습니다.

일정한 길은 없습니다. 정해진 방법이 없습니다. '나'가 할 수 있는 일은 없습니다. '나'보다 더 진실을 사랑하게 될 때 그 사랑이 '나'를 진실로 이끌 것입니다. 그때 비로소 '나'도 없고 따라서 진실도 없음을, '나'가 곧 진실이고 진실이 곧 '나'라는 사실에 안도하고 비로소 쉬게 됩니다.

아무것도 아니지만 모든 것 그대로가 됩니다.

구도자는 없다

　공부하는 사람들이 빠져나오기 힘든 미망이 공부하는 '나'와 그 '나'가 찾고 있는 '깨달음'입니다. '나'가 '깨달음'을 찾아 구하다가 마침내 그것을 체험하고 얻는다는 신화! 그 뿌리 깊은 전설을 따라 지금도 수많은 진지한 구도자들은 각자 나름대로 최선의 구도 행각을 펼치고 있을 것입니다.

　그러나 참된 공부는 우리의 상식을 벗어나 있습니다. '나'가 '깨달음'을 얻는 일은 결코 일어나지 않습니다. 그런 일이 일어났다 하더라도 그것 역시 여전히 구도의 길 위에서 벌어진 하나의 사건에 불과합니다. 구도는 끝나지 않습니다. "깨달음을 얻어 나는 영원히 행복하게 살았답니다."와 같은 결말은 없습니다.

　'나'가 '깨달음'을 얻어 '해탈'한다는 따위의 객관적인 사건은 실재하지 않는다는 사실의 확인이 진정한 깨달음, 참된 해탈입니다. 모든 미망, 모든 헛된 생각으로부터 자유를 얻는 일입니다. 그것은 본래 갖추어져 있는 것으로 새롭게 얻거나 만들어 내는 것이 아닙니다.

　'나'가 '깨달음'을 구해 나서는 구도의 길을 가기 전에, '나'는 진정 어디 있는지부터 살펴봐야 합니다. 그 '나'는 진정 무엇인지 살펴봐야 합니다. 그 '나'가 만약 환영이나 그림자와 같은 것이라면, 그 '나'가 마침내 찾아 얻을 '깨달음' 역시 환영이나 그림자에 불과할 것입니다.

객관적으로 독립된 실체로서의 '나'라는 것은 하나의 생각, 인식에 불과하지 않습니까? 분명 다른 존재들과 독립하여 있는 것 같은 '나'는 결국 감각 지각들로 이루어진 의식의 결과물 아닙니까? 그것은 '나' 아닌 다른 대상들의 존재를 인식하는 것과 본질에 있어 조금도 다름이 없지 않습니까?

결국 모든 것은 바로 지금 여기서 의식하는 것, 의식되는 것, 의식 자체가 아닌가요? 결국 의식만 존재하는 것 아닌가요? 아니, 의식이 바로 존재이고, 존재가 바로 의식이라 할 수 있지 않을까요? 의식과 존재라는 말을 잊어도 늘 변함없는 무엇 아닌가요?

알 자도 없고 알 것도 없는 이것!

완전한 깨달음

완전한 깨달음은 깨닫지 못했을 때와 조금의 차이도 없어 보입니다. 겉보기엔 아무런 차이도 없습니다. 깨달음이라는 것이 따로 있는 입장에서 보자면, 깨닫지 못함과 조금의 차이도 없는 완전한 깨달음이란 일종의 모순, 역설에 불과할 것입니다. 그러나 완전한 깨달음에는 깨달음의 모양마저 사라져 깨닫지 못함과 한 치의 차이도 없는 것이 사실입니다.

사실 궁극의 깨달음이란 지금 있는 이대로 모든 것이 진실이며, 모든 것이 완전하다는 것입니다. 자신의 내면을 정화하거나 바깥의 인연을 변화시켜 어떤 일정한 상태나 정신적 경지를 만들어 어딘가에 도달하는 것이 결코 아닙니다. 어떠한 수행이나 조작을 통하지 않고 문득 존재의 실상, 만물의 근원에 대한 자각을 통해 본래 아무 문제가 없었다는 사실을 깨닫는 것입니다.

완전한 깨달음이 깨닫지 못함과 같다는 사실은 우리 의식의 본질에서 비롯됩니다. 흔히 번뇌가 그대로 깨달음이라는 말을 합니다. 그 말이 가리키는 진실은 바로 번뇌라는 모양과 깨달음이라는 모양과 상관없이 그 두 가지의 본질이 이미 동일하다는 것입니다. 바깥의 모양에 속지 않고 그것의 본질을 꿰뚫어 볼 때 이미 모든 차별에서 벗어나는 자유, 해탈을 증득한 것입니다.

모든 것이 마음, 모든 것이 의식의 작용이라 할 때, 마음 또는 의식의 본질은 무엇일까요? 이러한 의문에 대한 논리적인 대답은 결코 마음과 의식의 본질을 가리켜 보일 수 없습니다. 어떠한 정의나 설명도 결국 특정한 의식의 모양으로 한정되기 때문입니다. 그러한 의문이 제기되기 이전, 옳다/그르다 판단을 일으키기 이전부터 있었던 무엇만이 진정한 마음, 의식의 본질입니다.

입을 벙긋하기 이전, 한 생각을 일으키기 이전부터 있었던 것이야말로 청정한 마음, 순수한 의식 자체일 것입니다. 언어화되고 개념화된 마음 또는 의식은 말 그대로 오염된 마음과 의식입니다. 한 생각 일으켜 무언가를 찾고 얻으려 하기 이전부터 온전하게 있는 마음, 의식은 한 생각 일으킨 결과로 일어나는 수행을 통해 찾고 얻을 수 없습니다. 찾고 얻으려 할수록 오히려 더욱 찾을 수 없고 얻을 수 없습니다.

바깥으로 찾아 구하던 추구가 쉬어져 멈추게 되는 순간, 본래 이미 완벽하게 주어져 있는 대상 없는 의식, 모든 것을 감싸 안고 있는 마음을 발견하게 됩니다. 말과 생각이라는 수단을 거치지 않고 즉각 통해 있는 한 물건이 문득 드러납니다. 마음이 마음을 보고 있었고, 의식이 의식을 찾고 있었습니다. 어떤 것도 분리됨 없는 하나라는 자각 속에 흔들림 없는 선정과 안팎에 두루 걸림 없는 지혜가 성취됩니다,

망상을 하지 않을 뿐, 달리 얻은 깨달음은 없습니다. 오히려 깨달음을 얻고자 했던 그것이 또 다른 망상이었을 뿐입니다. 깨달음을 구하는 마음이 사라지니 깨닫지 못함에서 비롯된 번뇌 역시 따라서 사라집니다. 깨달음은 깨닫지 못함을 믿는 이들을 구하기 위한 방편이었습니다. 따라서 깨닫고 나면 그 깨달음마저 없어져야 원만한 깨달음이 성취되는 것입니다.

듣지 못했습니까?

"다만 범부의 생각이 다할 뿐 따로 성인의 견해는 없다." 하였습니다. "만일 정진하겠다는 마음이 일어나면 그것은 망령이지 참다운 정진이 아니니, 마음이 망령되지 않기만 하면 정진이 끝이 없다." 하였습니다. "합일은 단지 우리와 세계가 분리되어 있다는 환상이 없는 것"일 뿐이고, "깨달음이란 길을 잃고 찾아 헤매는 길가에 피어 있는 꽃"이라 하였습니다.

고기가 변하여 용을 이루어도
그 비늘을 바꾸지 아니하고,
범부를 고쳐 성인을 이루어도
그 얼굴을 바꾸지 않는다.

알음알이와 깨달음

깨달음을 체험하는 경우는 대략 다음과 같이 세 가지 경우로 나누어 볼 수 있습니다.

첫째, 스스로 어찌할 수 없는 커다란 의문에 사로잡혀 있다가 문득 진실을 확인하게 되는 경우입니다.

둘째, 믿고 의지하는 스승의 가르침을 지속적으로 따르다가 어떤 인연에 진실을 확인하게 되는 경우입니다.

셋째, 혼자 책을 보거나 누군가의 말을 듣다가 홀연히 진실을 확인하게 되는 경우도 있습니다.

어떤 경우이건 그 이전과 이후가 확연히 구분이 되는 전환점(turning point)으로서의 자기 체험이 분명히 있습니다.

이 체험은 스스로 직접 경험해 보지 않는 한 어떤 이해와 설명도 불가능할 뿐더러 체험의 스펙트럼이 너무나 다양하기 때문에 체험하지 못한 입장에서는 종종 오해를 하는 경우가 많습니다.

간혹 가르치는 스승에 따라, 반드시 깨달음의 체험이 있으며 그러한 체험을 해야 한다고 강조하는 분들도 있고, 깨달음의 체험이란 따로 없으며 결국 깨달음마저도 없다고 말하는 분들도 있기 때문입니다.

이러한 일견 모순되는 것 같은 가르침의 진정한 의미는 공부하는 당사자의 공부가 깊어짐에 따라 차차 납득이 되고 직접적인 공부 경험 가운데 소화가 되는 것이지만, 아직 공부 경험이 일천한 초심자의 경우에는 분명 혼란의 여지가 있는 것이 사실입니다.

어쨌거나 하나의 전환점으로서의 자기 체험이 중요한 이유는, 공부하는 와중에 발생하는 많은 잘못된 깨달음, 유사 깨달음, 깨달음에 대한 착각을 바로잡는 기준 역할을 할 수 있기 때문입니다.

물론 체험이 있다 하더라도 스스로 분명하지 않은 경우도 있을 수 있습니다. 그런 경우에는 믿을 만한 스승에게 점검받거나, 스스로 경전이나 다른 공부인이 남긴 가르침에 비추어 확인해야 하며, 가장 좋은 검증 방법은 시간의 흐름에 따라 그 체험에 변화가 있는지 살펴보면 알 수 있습니다.

그러나 이러한 체험이 없는 경우에는 미세한 의식의 변화나 갑작스러운 인식의 전환, 흔히 옛사람들이 식(識)이 맑아진다는 말로 표현했던 초자연적인 인식 능력이나, 식광(識狂)이라는 말로 가리켰던, 모르는 것이 없을 정도로 모든 것이 일목요연하게 꿰어지는 알음알이의 대폭발을 깨달음으로 착각할 위험이 다분합니다.

이러한 잘못된 깨달음, 유사 깨달음, 깨달음에 대한 착각이 문제가 되는 이유는 이런 경계에 붙잡히게 되면 다시 그것을 버리고 공부를 하기가 어렵다는 데 있습니다. 깨달았다는 무의식적 판단, 흔히 법상(法相) 또는 각견(覺見)은 공부하는 사람들이 쉬이 떨쳐 버리기 힘든 마지막 유혹이기 때문입니다.

어느 옛사람이 "깨닫기 전에도 죽을 고비를 겪어야 하지만, 깨닫고 난 뒤에도 죽을 고비를 넘어가야 한다."고 말한 까닭도 바로 이러한 문제를 지적한 것이라 봅니다. 선(禪)에서는 이러한 문제를 겪는 이들을 위해 "석가도 아직 수행 중이다.", "다시 30년 더 참구하라.", "옳기는 옳지만 틀렸다." 등등의 가르침을 제시합니다.

알음알이가 조금이라도 남아 있다면 그것은 참된 깨달음이 아닙니다. 스스로도 알아차리기 힘든 미세한 알음알이, 분별망상이 있는 한 깨달음의 효험을 맛볼 수는 없습니다. 공부의 한 고비를 넘긴 사람은 이 점을 명심해야 합니다. 보지 못했습니까? 신령스러운 광명이 어둡지 않아 영원토록 밝게 빛나니, 이 문 안으로 들어오려거든 알음알이를 두지 말라는 말씀을!

영적 우회

영적 우회(Spiritual Bypass)란 자신의 개인적, 심리적 문제를 회피하는 수단으로 영성, 마음공부, 종교적 수행을 이용하는 것을 말합니다. 삶이 부여하는 여러 가지 발달 과제들, 성장 과정에서 반드시 통과해야만 하는 삶의 문제들을 수행하는 데 어려움을 겪는 사람들은 종종 이러한 영적 우회의 유혹을 받습니다.

신의 은총, 깨달음 등을 통해 엉망진창인 것 같은 자기 삶의 문제를 일시에 해결할 수 있기를 바라거나, 나약한 자아상을 스승과의 특별한 관계나 영적 공동체의 일원이 됨으로써 보상받는 것, 내지 자기 마음의 어두운 부분을 독단적 교리나 편협한 가르침으로 억누르는 것 등 영적 우회의 사례들은 무척이나 다양합니다.

많은 사람들은 영성을 현재의 불완전함에서 벗어나 미래의 완전함에 도달하기 위한 수단으로 오해합니다. 그러한 영적인 여정은 불가피하게 자기 자신과의 투쟁, 분리, 억압, 특정 감정이나 의식 상태에 대한 집착, 저항, 회피, 거부를 수반합니다. 이러한 있는 그대로의 자아와 현실에 대한 부정은 역설적이게도 자신이 그리는 완전함 대신 불완전함만 더욱 증폭시킵니다.

진정한 영성은 불완전함마저 인정하고 끌어안는 온전함, 전체성에 있습니다. 진정한 영성은 재통합의 과정입니다. 스스로 배제하고 분리하고 분열시킨 자아와 현실의 다른 부분들을 돌아보고 인정하고, 그것들의 진정한 본질에 눈뜨는 깨달음의 길입니다. 이러한 길에 반드시 요구되는 품성은 바로 진실함과 용기입니다. 있는 그대로의 자아와 현실을 두 눈 똑바로 뜨고 직면해야 합니다.

우리가 가야 할 영적 여정이 있다면 그것은 자아와 현실로부터의 도피가 아니라, 자아와 현실로의 회귀일 것입니다. 자아와 현실의 분열과 대립을 치유하고, 몸이 있는 곳에 마음이 있고, 마음이 가는 곳으로 몸이 따르는 자연스러움을 회복해야 합니다. 결국 모든 현상들이란 온전한 하나의 다양한 표현들이라는 사실에 눈을 떠야 합니다. 출발 지점이 그대로 도착 지점이라는 사실을 깨달아야 합니다.

참된 영적 초월은 바로 지금 여기 이 순간의 자아와 현실에서 벗어나는 것이 아니라 그러한 분별망상에서 깨어나는 것입니다. 그것이야말로 에돌아가는 우회로가 아니라 곧장 질러가는 지름길입니다. 그것은 행복하고 평화롭기만 한 길이 아니라, 때로는 길이 끊어진 듯한 막막함과 두려움 속에서 길을 가는 자신이 서서히 해체되는 길입니다.

'그래도' 표류기

구도자들의 영적 오디세이(귀향의 여정) 도중에 조심해야 할 섬이 하나 있습니다. 이 섬은 일정한 위치가 정해져 있지 않은 까닭에 영적 항해의 어느 순간에나 만날 위험이 있습니다. 그 섬의 이름은 '그래도'입니다. '그래도'는 사방이 '그런데'라는 암초로 둘러싸여 있습니다.

'분별'의 바람이 불어오고 미세한 '의심'의 조류에 휘말리면 그 섬 가까이 다가가게 됩니다. '그런데' 암초 주변에는 세이렌[28]들이 '망상'을 노래합니다. 그 '망상'의 노래를 듣게 되면 구도자는 십중팔구 제정신을 잃고 그만 '그런데'라는 암초에 부딪쳐 '그래도'라는 섬에 표류하게 됩니다.

"무슨 말씀인지는 다 이해하겠습니다. 그런데……."
"이것뿐인 줄은 알겠습니다. 하지만 그래도……."
"모든 것이 깨달음입니다. 모든 것이 있는 그대로 완전해요. 그렇지만 그래도……."

'그래도'는 황량한 섬이어서 먹을 것이 없습니다. 그곳에 표류하게 되면

---

28 그리스 신화에 나오는 바다의 요정. 아름다운 노랫소리로 뱃사람들을 유혹하여 죽게 했다고 함.

타는 목마름과 굶주림 속에서 끝없이 환상 속의 먹고 마실 것만 생각하며 지내게 됩니다. 생각하면 생각할수록 목마름과 굶주림의 고통만 가중될 뿐입니다.

'그래도'에 표류하는 기간이 길어질수록 점점 탈출의 희망은 사라져 갑니다. 가능한 한 빠른 시간 안에 그곳을 벗어나야만 합니다. '그래도'의 한복판 '회의'와 '불확실' 사이의 어두운 골짜기 속에는 먼저 이 섬에 표류했던 이들의 백골이 나뒹굴고 있습니다.

목숨을 걸고 그 섬을 빠져나와야 합니다. 아직 여정은 끝나지 않았습니다. 아직 고향에 돌아오지 못했습니다. 어설픈 뗏목이라도 엮어서 탈출을 시도해야 합니다. 고향집에서 지난날 항해의 고통과 두려움을 모두 잊고 마음 편히 쉬기 전까지 닻줄을 내려서는 안 됩니다.

올곧은 '가르침'의 나침반에 의지하고 '믿음'의 남풍을 타게 되면 머잖아 고향 항구에 이르게 됩니다. 철없던 시절, 볼품없고 지긋지긋한 고향을 등지고 떠나온 뒤로 오랜 세월 망망대해를 헤맸습니다. 이제 귀밑머리가 하얗게 세고 나서야 그 어느 곳도 고향만 한 곳이 없다는 사실을 깨달았습니다.

구도자여, 이제 그만 고향으로 돌아오십시오. 이제 더 이상 험난한 항해는 그만두십시오. 모든 여정의 종착지는 결국 고향의 자기 집입니다. 영적 오딧세이의 귀착지 역시 언제나 변함없이 있는 그대로의 자기 자신입니다. 진정한 평화와 안락이 있는 곳은 바깥의 어느 곳이 아니라 너무나 익숙한 바로 이곳이었습니다.

구도자여, 이제 그만 자기에게 돌아오십시오.

소 먹이는 일,
소 먹는 일

전 재산이나 다름없는 소를 잃어버린 사람이 있습니다. 잃어버린 소를 찾아 아침부터 저녁까지 여기도 가 보고 저기도 가 봅니다. 그렇게 시간이 흘러 이제 소를 찾기는 틀렸나 보다 할 때쯤 동네 어귀에서 소를 보게 됩니다. 그때의 반가움과 안도감을 어찌 말로 할 수 있겠습니까. 그 심정이 되어 본 사람만이 알 것입니다.

이때부터 이 사람은 행여 다시 소를 잃어버릴까 지극정성으로 소를 보살피기 시작합니다. 때때로 털도 빗겨 주고 쓰다듬고 입도 맞추고 여물도 자기가 먹는 것보다 좋은 것을 줍니다. 코뚜레도 꿰지 않고 논일 밭일도 시키지 않고 아예 상전을 모시듯 소를 먹입니다. 그러자 이놈의 소가 미쳐서 자기가 주인인 양 마음대로 횡행하면서 남의 논밭에 함부로 들어가 농사를 망쳐 놓습니다.

그런 일이 한 달 두 달 계속되다 보니 소 주인은 이 버릇없는 소를 먹이느라 얼마 되지도 않는 재산도 거덜이 날 형편이고, 동네 인심도 잃어 마을에서 살기도 어렵게 되었습니다. 그러다 하루는 큰 결심을 하고 소를 끌고 도살장으로 갔습니다. 그러고는 소를 잡은 뒤 동네 사람들을 불러 모아 큰 잔치를 열었습니다. 구워도 먹고 삶아도 먹고 뼛국물까지 우려먹고 소가죽으로는 북을 만들어 춤을 추고 놀았습니다.

제대로 마음 소를 먹이지 못할 바에야 차라리 제가 잡아먹는 것만 못합니다. 자기만 소를 가지고 있는 듯 착각하는 것이 가장 큰 잘못입니다. 버릇없는 소가 이리저리 날뛰게 두어서는 안 됩니다. 소가 부리는 재주에 주인이 넋을 잃는 순간, 소와 주인의 관계가 역전이 됩니다. 아직 채찍과 고삐를 놓아서는 안 됩니다. 소는 부려 쓰는 물건이지 받들어 모시는 물건이 아닙니다.

목우자(牧牛子)는 『수심결(修心訣)』[29]에서 이렇게 말했습니다.

"종고 선사는 '영리한 근기들 중에는 더러 많은 힘을 들이지 않고도 이 일을 깨닫는 경우가 있는데, 여기서 쉽다는 생각을 내고 더 이상 닦지 않다가 세월이 가면 전과 마찬가지로 떠돌아 윤회를 면치 못한다.' 하셨으니, 한때 깨달은 것이 있다 하여 어찌 그 뒤에 닦는 일을 제쳐 두겠는가. 그러므로 깨닫고 난 뒤에 오랜 기간 관조와 성찰이 필요하다. 망념이 홀연히 일어나면 절대로 따라가지 말아야 하니, 자꾸자꾸 덜어 내다가 무위에 이르면 그때가 마지막(究竟) 경지이다. 이것이 바로 천하의 선지식들이 깨닫고 나서 했다는 목우행이라는 것이다."

---

29 고려 보조지눌(普照知訥, 1158~1210) 국사의 저서. 목우자는 지눌의 호(號).

영성과 진리,
그리고 돈과 조직

　영성과 진리를 논하는 데 돈과 조직의 문제를 이야기하는 것은 심적으로 매우 불편하고 때로는 위험한 시도일 수 있습니다. 그러나 어느 한 개인의 순수한 영적 각성에서 출발한 진리가 조직화, 권력화되어(그 과정에 돈의 문제, 헌금이든 보시든 후원이든 금전의 문제로 인한 잡음이 일어납니다) 하나의 종파, 교단을 형성하면서 애초의 생명력을 잃고 세속화, 박제화되는 경우를 우리는 역사적 사실들을 통해 충분히 보았습니다.

　어째서 그러한 일이 반복해서 일어나는 것일까요? 구도의 길을 걷는 이들은 한 번쯤 이 문제에 대해 심각한 고민을 해 봐야 할 것입니다.

　영적인 조직은 왜 생기는 것일까요? 대개의 경우 어떤 스승, 어떤 현자, 어떤 각자 주위로 꽃향기를 맡고 벌들이 날아들 듯 사람들이 모이면서, 그들이 발견한 진리, 깨달은 영성을 더 많은 이들에게 효율적으로 전하기 위한 방편적인 목적에서 조직은 출발합니다. 진리를 널리 전파하기 위해서는, 더욱 대중적인 파급력을 지닌 수단을 얻기 위해서는 조직의 힘, 곧 인적, 물적 자원 동원력이 필요합니다. 출발 단계의 작은 영성 모임에서는 대체로 조직 구성원들의 자발적 헌신과 헌금으로 이러한 문제가 해결될 것입니다. 그러나 조직이라는 체제는 이상한 것이어서, 일정 수준 이상으로 조직이 확대됨에 따라 처음에는 존재하지 않았던 권력 문제와 그에 따르는 갈등들이 벌어지기 시작합니다.

조직이 마치 생명력을 가진 존재처럼 자기 나름의 생리를 가지게 되는 것입니다. 모든 생물체들의 기본적인 생리는 자기보존 욕구 또는 자기증식 욕구일 것입니다. 조직도 마찬가지여서 끊임없이 새로운 사업, 새로운 구상, 새로운 기획 등을 통해 조직의 구조, 기구들을 넓혀 나갑니다. 그러는 과정에서 초기의 순수한 열정을 지닌 헌신자들은 전문적인 업무 능력을 가진 실무자, 또는 영적이기보다 세속적인 야망을 가진 사람들로 대체되거나 자발적으로 조직을 이탈하게 됩니다. 확대된 조직은 그 운영에 당연히 더 많은 돈이 요구되는데, 그에 따라 초기의 헌신자들에 의한 자발적인 헌금이나 보시를 넘어서는, 화폐의 교환 가치 기능에 충실한 사업들이 늘어나게 됩니다.

물론 엄연한 자본주의 사회에서 영성 단체나 조직 운영에 사용되는 돈을 금기시해서는 안 될 뿐더러 그럴 수도 없습니다. 예수처럼 빵 다섯 개와 물고기 두 마리로 오천 명을 먹여 살리는 기적을 행할 수 없다면 말입니다. 문제는 영성과 진리 전달을 위해 과연 조직이 필요한가, 아니 어떤 조직의 구성원이 됨으로써 그들이 약속한 진리, 깨달음, 영성을 얻을 수 있느냐는 것입니다. 또한 확대된 조직 내부 구성원들 사이의 권력 문제는 어떻게 할 것인가? 스승 또는 지도자가 생기면 제자 또는 추종자가 생기는 것이 당연한 이치이고, 대다수의 경우 그 둘 사이의 관계는 동등하지 않습니다. 더군다나 조직 내부에 하위 조직이 생기면서 내부 구성원들 사이에서도 동등하지 않은 권력 관계 내지 갈등이 형성됩니다.

이미 '마음산업'이라는 용어가 종교계 언론에서 공공연히 논의되고 있는 이 시점이 개인적으로는 안타까울 뿐입니다. 인간들의 분별심은 정말 대단한 것이어서 영성과 진리도 또 하나의 상품이 되어가는 세태가 씁쓸할 따름입니다. 어떤 분이 "도의 완성은 돈이더라!"고 우스갯소리를 하던데, 매우 날카로운 촌평이 아닐 수 없습니다. 그래서일까요? 지두 크리슈나무르티(Jiddu Krishnamurti, 1895~1986)의 다음과 같은 말이 요사이 새로운 울림으로 다가옵니다.

"조직은 여러분을 자유롭게 해 줄 수 없습니다. 밖에서 온 어떤 사람도 여러분을 자유롭게 할 수 없습니다. 조직을 만들어서 숭배하는 것도, 어떤 이념을 떠받들어 여러분 스스로 치르는 대가도 여러분을 자유롭게 할 수 없습니다. 조직 속으로 들어가는 것도, 그런 일에 몸을 바치는 것도 여러분을 자유롭게 하지 않습니다. 편지를 쓰기 위하여 타자기를 사용하지만, 그것을 제단에 올려놓고 숭배하지는 않습니다. 그러나 조직이 여러분의 으뜸가는 관심사가 될 때, 바로 그런 일도 하게 됩니다."[30]

30 지두 크리슈나무르티 지음, 김영호 옮김, 『완전한 자유』(청아출판사, 2006), 30쪽.

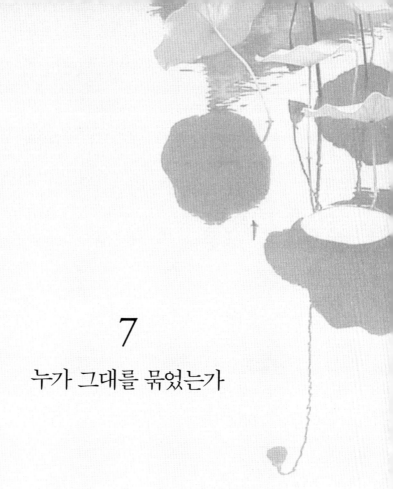

7

누가 그대를 묶었는가

네가 너라고 믿고 있는 너 자신은 단지 하나의 생각일 뿐이다. 네 감옥은 비어 있다! 보지 못하느냐? 너는 갇혀 있지 않다. 과거에도 그랬고 미래에도 그럴 것이다.

한 번도 거울을 보지 못한 사람들

옛날 아주 먼 옛날, 깊은 산골에서 노모를 모시고 어린 아들과 살고 있는 부부가 있었습니다. 하루는 남편이 생전 처음 한양 구경을 하러 떠나게 되었습니다. 남편이 부인에게 한양에 가서 무엇을 사다 주면 좋겠느냐 묻자, 아내는 하늘에 떠 있는 반달을 가리키며 저 달처럼 생긴 참빗을 사다 달라고 합니다.

며칠 후 남편은 한양에 도착하여 이곳저곳을 구경했습니다. 집으로 돌아갈 날이 되자 문득 아내의 부탁이 떠올랐습니다. 그런데 정확히 무엇을 사 오라고 했는지 기억이 나지 않았습니다. 그러다 무심코 하늘에 떠 있는 보름달을 보고는 달처럼 생긴 물건이라는 기억이 나서 보름달처럼 둥근 거울을 샀습니다.

집으로 돌아온 남편이 아내에게 선물로 사 온 거울을 건네주었습니다. 거울을 한 번도 본 적이 없던 아내는 거울 속 자신의 모습을 보고는 남편이 한양에 가서 새 마누라를 얻어 왔다고 발을 구르며 울었습니다. 놀란 시어머니가 거울을 보니 그 속에는 젊은 여자가 아닌 쭈그렁 할미가 들어 있었습니다.

옆에서 엿을 먹던 어린 손자가 거울을 보니 거울 속의 어떤 녀석이 자기 엿을 빼앗아 먹고 있는 것이 아닙니까? 어리둥절한 남편도 거울을 보니 거기엔 웬 소도둑처럼 생긴 놈이 있었습니다. 이것은 분명 도깨비의 장난이라 여긴 남편은 거울을 가지고 마을 훈장을 찾아갔습니다.

탕건을 쓰고 담뱃대를 입에 물고 있던 훈장은 남편이 준 거울을 보고는 버르장머리 없는 녀석이 자기 흉내를 낸다고 거울을 바닥에 던져 버렸습니다. 거울이 산산조각이 나고 아무것도 보이지 않게 되자 어리석은 가족들은 도깨비가 사라졌다고 훈장에게 큰절을 하고 집으로 돌아갔습니다.

어릴 적 한 번은 듣거나 읽어 보았을 전래동화입니다. 이 이야기 속에서 우리를 웃음 짓게 만드는 것은 거울에 비친 자기 얼굴을 알아보지 못하는 사람들의 어리석음입니다. 자기가 자기를 알아보지 못하다니 얼마나 우스꽝스러운 일입니까?

그러나 마음공부를 하는 사람들, 진리를 구하는 사람들의 모습 또한 이 이야기 속의 어리석은 사람들과 큰 차이가 없습니다. 바로 지금 눈앞에 자신의 본래면목, 참나가 드러나 있는데도 알아보지 못하고는 엉뚱한 곳에서 그것을 찾고 있으니 말입니다.

바로 지금 보이고 들리고 느껴지고 알아지는 모든 것이 이 마음이라는 거울, 의식이라는 바탕 위에 비춰지는 영상과 같은 것입니다. 어떤 영상, 어떤 모양이 비춰지든 그것이 바로 자신의 본래면목, 참나입니다. 그것이 자기 자신인 줄 깨닫지 못했기 때문에 이 모든 것이 도깨비장난인 줄 착각하는 것입니다.

이 마음이라는 거울 위에 나타난 분별되는 모양에 속지 말고 어떤 것이 그 위에 비춰지든 차별 없는 것에 초점을 맞춰 보십시오. 바로 지금 이 순간에도 변함없이 대상을 비추고 있는 이 모양 없는 비춤의 능력을 살펴보십시오. 비춰지는 대상은 모양이 있지만 비추는 능력은 모양이 없습니다.

거울이 산산조각 나더라도 그 비추는 능력은 부서지지 않습니다. 다시 다른 인연을 만나면 홀연히 비추는 능력을 발휘합니다. 거울은 만들어지고 부서지지만 거울의 비추는 능력은 생겨나지도 않고 사라지지도 않습니다. 거울의 모양은 거울마다 다르지만 비추는 능력은 아무런 차이가 없습니다.

바로 지금 보고 듣고 느끼고 아는 이 순간, 보고 듣고 느끼고 아는 내용은 이 마음 거울 위의 모양이지만, 그 모든 모양이 이 비추는 능력과 별개의 것이 아닙니다. 비춰진 모양이 비추는 능력이고, 비추는 능력이 비춰진 모양입니다. 지혜로운 사람이라면 비춰진 모양에서 비추는 능력을 곧바로 볼 수 있습니다.

거울에 비친 자기 얼굴을 알아보듯이 말입니다.

누가 그대를 묶었는가

스승과 제자가 오랜 여행 끝에 자신들의 사원으로 돌아가기 위해 말을 타고 떠났습니다. 출발하고 얼마 후 그들은 거센 폭풍우를 만났습니다. 그들은 폭풍우가 지나갈 때까지 가던 길을 멈추고 기다려야만 했습니다. 폭풍우가 지나기를 기다리는 동안 제자가 스승에게 물었습니다.

"저는 에고가 너무나 강하다고 느낍니다. 그것을 억누르기 위해서는 무엇을 해야 합니까? 저는 훌륭한 승려가 되고 싶습니다. 헌신적인 승려 말입니다. 저는 자유롭고 싶습니다. 저는 명상도 많이 했습니다. 예불도 매일 했습니다. 하지만 상황은 나빠지기만 합니다. 제가 에고와 싸워 이길 수 있도록 도와주실 수 있겠습니까?"

스승이 대답했습니다.
"내일까지 기다려라. 그러면 답이 주어질 것이다."

폭풍우가 계속되었으므로 그들은 그곳에 머물러 하룻밤을 지내기로 했습니다. 그래서 동굴 속에 잠잘 곳을 마련하고 불을 피웠습니다. 그런데 서둘러 출발하는 바람에 밤 동안 말을 묶어 둘 노끈이 없었습니다. 제자는 어떻게 해야 할지 스승에게 물었습니다. 스승이 말했습니다.

"말을 묶어 두는 척 시늉만 하거라. 네 가방에서 가짜로 밧줄을 가져오는 척 하면 말은 네가 가져오는 것이 자기 밧줄이라고 믿을 것이다. 너는 그것을 녀석의 목에 두르는 척 행동하기만 하면 된다."

제자는 방금 들은 말을 도무지 믿을 수 없어서 다시 물었다.
"저놈을 묶는 척만 하면 된다구요?"
"그렇다. 너는 그 가짜 밧줄을 그 녀석의 목에 두르고 나무에 고정시키는 척만 하면 된다. 평상시처럼 행동해라. 그 녀석이 묶여 있는 것처럼만 행동하면 말은 밤새도록 그대로 있을 것이다. 날 믿어라!"

제자는 스승이 시키는 대로 있지도 않은 밧줄로 말을 묶는 시늉을 했습니다. 보통 때와 다름없는 동작으로, 마치 거기에 진짜 밧줄이 있는 것처럼.

제자는 그날 밤 제대로 잠들지 못했습니다. 폭풍우 때문이 아니라 스승의 말을 걱정하고 있었기 때문이었습니다. 다음 날 아침 제자는 일찍 일어나 나무를 향해 달려갔습니다. 말은 나무 옆에 여전히 서 있었습니다. 제자와 스승은 사원으로 가던 길을 계속 가기 위해 짐을 쌌습니다. 짐을 말 등에 싣고 제자가 말을 끌고 가려 하자 말은 전혀 움직이려 하지 않았습니다.

제자는 스승에게 말했습니다.

"스승님, 말이 움직이지를 않습니다."

스승은 웃으며 말했습니다.

"그건 그놈이 여전히 저 가짜 밧줄에 묶여 있다고 믿고 있기 때문이다. 그 녀석은 자신이 묶이지 않았다는 것을 깨닫지 못했지."

제자는 선뜻 그 말을 이해하지 못했습니다. 스승이 말했습니다.

"어제 네가 그놈을 묶는 척 했을 때 했던 몸짓 때문에, 말은 자기가 바로 지금 이 순간까지 그 가짜 밧줄에 아직도 묶여 있다고 믿고 있다. 그 녀석은 아직도 네가 건 최면에 빠져 있는 것이다. 그래서 그 녀석은 움직이지 않고 있는 것이다."

그러자 제자가 물었습니다.

"그러면 어떻게 해야 할까요?"

스승이 대답했습니다.

"이제 그 녀석을 풀어주는 척 하려무나!"

제자는 말을 풀어주는 척 했습니다. 그는 실제로 말을 풀어주는 것처럼 모든 동작을 취했습니다. 이제 그 말로 하여금 자신이 정말 자유롭다고 믿게 만들었습니다. 그리고 나서 제자가 말을 끌자 말은 즉시 그의 명령을 따랐습니다. 그러자 그들은 계속해서 사원을 향해 길을 떠났습니다.

반시간 뒤에 제자가 스승에게 물었습니다.

"어제 제가 에고와의 싸움에 대해 질문드렸던 것을 기억하십니까? 저는 두려움 속에 갇혀 있는 것만 같은 느낌이 듭니다. 고통과 욕망을 가지고 있는 육체 속에 갇혀 있는 듯한 느낌입니다. 저는 불성(佛性)을 찾고 싶습니다. 자유롭고 싶습니다. 저는 아직도 스승님께 답을 듣지 못했습니다."

스승이 말했습니다.

"그래, 너의 질문을 아주 잘 기억하고 있다. 그런데 말이 이미 너에게 해답을 주었다. 너는 이 말을 닮았구나. 봐라, 말은 어제 묶였다고 스스로 믿었다. 밤새도록 그렇게 믿고 있었지. 그놈은 자기가 내내 자유로웠다는 사실을 결코 깨닫지 못했다. 그건 네가 애당초 결코 묶여 있지 않았음에도, 나에게 어떻게 하면 자유로울 수 있을지 물은 것과 정확히 똑같은 것이다."

몇 시간 동안 침묵이 흘렀습니다. 그러는 사이 어느새 목적한 사원 근처까지 이르게 되었습니다. 하지만 제자의 얼굴은 굳어 있었습니다. 스승의 대답이 마음에 들지 않았기 때문입니다. 그는 혼잣말로 중얼거렸습니다.

"여전히 묶여 있는 것 같은 느낌인데, 어떻게 이미 내가 자유로울 수 있을까?"

막 사원에 도착하기 직전, 제자는 다시 스승에게 물었습니다.

"제가 이미 자유롭다는 사실을 이해하려면 어떻게 해야 합니까?"

스승이 말했습니다.

"너는 네가 에고에 묶여 있다고 믿고 있지만, 에고는 없다. 에고는 환상에 불과하다. 그러니 너는 그것과 싸우거나 애를 써서 파괴할 필요도 없다. 네가 너라고 믿고 있는 너 자신은 단지 하나의 생각일 뿐이다. 네 감옥은 비어 있다! 보지 못하느냐? 너는 갇혀 있지 않다. 과거에도 그랬고 미래에도 그럴 것이다. 왜냐하면 애당초 '너'는 없기 때문이다."

　제자가 대답했습니다.
　"그렇다면 제가 할 수 있는 것은 아무것도 없습니다. 왜냐하면 그것을 할 '나'가 없기 때문이죠."
　스승은 미소를 지으며 말했습니다.
　"우리가 우리 절로 돌아온 것처럼, 너는 너의 참된 본성으로 돌아왔구나. 그리고 너는 네가 결코 집을 떠난 적이 없었음을 알게 될 것이다."

어떤 선문답

저명한 과학자 한 사람이 선사를 찾아뵙고 다음과 같이 물었습니다.

"저는 훌륭한 가족이 있고 직업도 상당히 좋습니다. 그렇지만 솔직히 말해서 앞으로 제 인생을 어떻게 살아가야 할지 모르겠습니다. 제게 조언을 해 주실 수 있겠습니까?"

그러자 선사가 물었습니다.

"당신은 지금 무얼 하고 계십니까?"

과학자가 대답했습니다.

"저는 한 연구소의 과학자로……."

과학자가 말을 채 맺기도 전에 선사는 단도직입적으로 다시 물었습니다.

"아니요! 당신은 '바로 지금' 무엇을 하고 계십니까?"

깜짝 놀란 과학자는 잠시 말을 멈춘 다음 천천히 말했습니다.

"앉아서 당신과 이야기를 나누고 있습니다……."

그러자 선사가 빙그레 웃으며 말했습니다.

"그렇게 사십시오!"

불립문자 교외별전의 참뜻

한 재가자가 바쓰이(拔隊, 1327~1387)[31] 선사에게 물었습니다.

"비록 선(禪)은 교외별전(敎外別傳) 불립문자(不立文字)[32]라고 하지만, 제자가 스승에게 묻거나 도(道)에 대해 탐구한 사례들이 교종(敎宗)보다 훨씬 많습니다. 그러니 어찌 선이 교외별전이라 할 수 있습니까? 그리고 옛 스승들의 기록을 읽을 수 있고, 그들이 어떻게 공안(公案)을 다루었는지 볼 수 있는데 불립문자라 여길 수 있습니까? '교외별전 불립문자'라는 말의 참된 뜻이 무엇입니까?"

그러자 선사는 곧장 "거사!" 하고 불렀습니다.

그는 "예?" 하고 대답하였습니다.

선사가 말했습니다.
"어느 경전과 가르침에서 그 '예?'가 나왔는가?"

---

31 일본 임제종 향악사(向嶽寺)파의 개조.

32 불교의 진수는 어떤 경전의 문구에도 의하지 않고 마음에서 마음으로 직접 체험에 의해서만 전해진다는 선종의 특징을 나타내는 문구.

족첸의 일화

근세의 위대한 족첸(Dzogchen)[33] 스승 가운데 한 사람인 뇨슐 룽톡(Nyoshul Lungtok, 1829~1901)은 18년 동안 스승인 파트룰 린포체(Patrul Rinpoche, 1808~1887)를 따랐습니다. 그 기간 동안 그들은 떨어져 지낸 적이 거의 없었습니다. 뇨슐은 매우 부지런히 탐구하고 수행하였습니다. 그는 참된 앎(Rigpa)을 알아차릴 준비가 되어 있었지만 아직 마지막 가르침을 받지는 못했습니다.

그러던 어느 아름다운 저녁, 파트룰 린포체가 그에게 마지막 가르침을 주었습니다. 그것은 그들이 족첸 사원 뒷산 높은 곳의 토굴에 함께 머물 때였습니다. 아주 아름다운 밤이었습니다. 검푸른 하늘은 쾌청했으며, 별들은 눈부시게 빛나고 있었습니다. 저 멀리 아래쪽 사원에서 들리는 개 짖는 소리가 그들의 고요를 한층 두드러지게 해 주고 있었습니다.

파트룰 린포체는 온몸을 쭉 펴고 땅 위에 누워 특별한 족첸 수행을 하고

---

33 티베트의 전통 종교인 뵌(Bön)교와 이후 티베트 불교 닝마파에서 스승과 제자 사이에 면면히 전해 내려온 비밀스러운 가르침이 족첸이다. 족첸은 일명 티베트의 선이라 할 수 있을 정도로 티베트 불교 전통 안에서도 혁명적이다. 위대한 완성, 대구경(大究竟), 일원상을 의미하는 족첸은 모든 최상승 가르침의 기본전제와 그 맥을 같이 한다. 즉 지금 이 순간 모든 것은 있는 그대로 완전하다는 것이다.

있었습니다. 그는 뇨슐을 불러서 이렇게 말했습니다.

"그대는 마음의 본질을 알지 못한다고 말했었지?"

뇨슐은 그의 목소리가 심상치 않은 것을 느끼고 내심 기대를 하면서 고개를 끄덕였습니다.

"여기엔 정말 아무것도 없다네."

파트룰 린포체는 뜻밖에 이렇게 말하면서 덧붙였습니다.

"나의 아들아, 이리 와서 이 늙은 애비처럼 눕게나."

뇨슐은 그의 곁에 누웠습니다.

그러자 파트룰 린포체가 물었습니다.

"하늘에 있는 별들이 보이느냐?"

"예."

"족첸 사원의 개 짖는 소리가 들리느냐?"

"예."

"내가 그대에게 말하는 것이 들리느냐?"

"예."

"그래, 족첸의 본질은 바로 이것이라네. 단지 이것뿐이지."

뇨슐은 훗날 그때 일어난 일에 대해 다음과 같이 말했습니다.

"바로 그 순간, 나는 내면에서 확실한 깨달음에 도달하였다. 나는 '있다'와 '없다'의 구속에서 벗어나게 되었다. 나는 근원적인 지혜, 곧 비어 있음과 본래 갖추어진 각성이 숨김없이 하나라는 사실을 깨달았다. 위대한 인도의 스승 사라하가 '스승의 말씀을 마음속에 받아들인 제자는 그의 손바

287

닥 안의 보배처럼 깨달음을 보리라.'고 말한 것처럼, 나는 스승의 은총을 통해 이러한 깨달음에 이르게 되었다."

부처님 손바닥

옛날 아주 먼 옛날, 온 세상을 어지럽히던 원숭이 한 마리가 있었습니다. 단숨에 10만 8천 리를 날아가는 근두운을 타고, 마음대로 늘어났다 줄어드는 여의봉을 휘두르며, 온갖 둔갑술과 신통력을 갖춘 손오공(孫悟空)을 모르는 분은 아마 없을 것입니다. 이 손오공이 천방지축 세상을 어지럽힐 때 서천의 석가모니불이 손오공을 제도하기 위해 찾아와 내기를 제안합니다. 자신의 손바닥을 벗어나면 모든 소원을 들어주겠다고. 내기의 결과는 여러분들이 잘 아시리라 믿고 각설하겠습니다. 결국 부처님의 손바닥을 벗어나지 못한 손오공은 그동안 저지른 패악(悖惡)의 벌로 오행산(五行山)[34]에 짓눌려 5백 년 동안 갇히게 됩니다.

여기 등장하는 손오공이 바로 우리 각자의 마음입니다. 자신이 공(空)임을 깨닫지(悟) 못해 이리저리 산란하게 날뛰는 마음 원숭이(心猿)입니다. 온갖 것으로 둔갑하는 손오공처럼 우리 마음도 천차만별의 느낌, 감정, 생각으로 몸을 바꿉니다. 여의봉처럼 우리 마음은 어떨 때는 좁쌀 한 톨 들어가지 못할 정도로 줄어들었다가, 어떨 때는 온 세상을 다 품고도 여유가 있을 정도로 넉넉해지기도 합니다. 게다가 과거, 현재, 미래뿐만 아니라,

---

34 오행은 물질, 감각, 육체를 상징한다.

현실 세계와 상상의 세계를 근두운을 탄 것처럼 마음대로 왔다 갔다 합니다. 그러나 그래봤자 우리 마음은 바로 지금 여기, 부처님 손바닥을 벗어나지 못합니다.

이것을 깨닫지 못하고 물질의 세계, 감각의 세계에 갇혀 지내는 것이 손오공과 같은 우리의 신세입니다. 어째서 물질과 감각이 모두 텅 비어 아무런 실체가 없는 줄을 깨닫지 못하는 것입니까? 어째서 언제 어디서나 결코 벗어날 수 없는 바로 지금 여기 이 순간을 깨닫지 못하는 것입니까? 어째서 마치 꿈속의 세상처럼 나와 나를 둘러싼 세계 전체가 모두 자기 자신, 마음 하나의 작용임을 깨닫지 못하는 것입니까? 어째서 바로 지금 이 자리에서 당장 깨달아 마치지 못하고 부처의 가르침을 구하러 그 머나먼 길을 유랑해야만 하는 것입니까?

오공아! 지금 너는 어디에 있느냐?
오공아! 지금 이 목소리를 듣는 그것은 무엇이냐?
오공아! 오공아! 오공아!
이것이 무엇이냐!

작은 파도 이야기

옛날 옛날에 수평선과 해변 사이를 끊임없이 밀려갔다 밀려오는 일에 지치고 싫증이 난 작은 파도가 있었습니다.

그 파도가 하루는 조수를 따라 끝없이 방황할 필요도 없고 한없이 평화롭고 고요한 거대한 바다에 관한 이야기를 듣게 되었습니다. 파도는 이 지겨운 곳을 떠나 그 거대한 바다가 있는 곳으로 가기로 마음먹었습니다.

그래서 지나가는 다른 파도들에게 물었습니다.
"여보세요, 혹시 바다로 가는 길을 알고 계신가요?"

머리에 해초를 잔뜩 짊어진 늙은 파도가 말했습니다.
"내가 예전에 어른 파도들께 그 바다에 대해 들은 적이 있단다. 그 바다는 여기에서 아주 멀어서 거기에 도달하는 데 많은 세월이 걸린다더라."

다른 파도가 말했습니다.
"내가 듣기로는 우리가 아주 착하고 좋은 일을 많이 하면서 살다가 죽으면 그 거대한 바다에 가게 된다고 그러던데?"

또 다른 파도는 비웃듯이 말했습니다.

"거대한 바다라고? 이 멍청아! 거대한 바다 따위는 없어! 왜 그따위 말도 안 되는 것을 찾느라 인생을 낭비하는 거니?"

그 순간 잔잔한 파도 하나가 다가와 말했습니다.

"이봐! 내가 진짜 거대한 바다에 갔다 와서 거기에 대해 잘 알고 있는 현명한 파도 한 분을 알고 있어. 내가 소개해 줄 테니 나를 따라오렴!"

그들은 곧장 현명한 파도가 있는 곳으로 갔습니다. 작은 파도가 말했습니다.

"현명한 파도님, 제발 제게 거대한 바다에 이르는 길을 알려 주십시오."

작은 파도의 말을 듣자마자 현명한 파도는 배꼽이 빠져라 껄껄껄 웃으며 물었습니다.

"애야, 너는 거대한 바다가 무엇이라고 생각하니?"

"제가 듣기로는 언제나 평화로우면서 고요한 곳이라고 들었습니다."

작은 파도는 떨면서 말했습니다.

현명한 파도는 미소 띤 얼굴로 작은 파도를 바라보며 말했습니다.

"너는 거대한 바다를 찾고 있구나. 그런데 애야, 네가 바로 거대한 바다 자체인데 우습게도 너는 그것을 알지 못하고 있구나!"

그 말을 듣고 잠시 혼란에 빠진 작은 파도가 말했습니다.

"그럴 리가요? 제 눈에는 바다가 보이지 않는걸요. 보이는 거라곤 온통 파도, 파도뿐이에요."

"그건 네가 자신은 파도라고 생각하기 때문이란다." 현명한 파도가 말했습니다.

작은 파도는 옆에 있는 바위에 부딪혀 철썩이며 말했습니다.
"저는 당신의 말씀을 이해하지 못하겠어요. 차라리 제게 바다로 가는 길을 알려 주실 수 없으시다면 그렇다고 솔직히 말씀해 주세요."

"알았다, 알았어. 그렇다면 거대한 바다로 가는 길을 일러 주마." 현명한 파도가 말했습니다. "그런데 그러기 전에, 내 발이 너무 아픈데 네가 물속으로 들어가서 내 발을 좀 주물러 줄 수 있겠니?"

작은 파도는 현명한 파도의 부탁을 들어주기 위해 곧장 물속으로 들어갔습니다.

그 순간! 작은 파도는 깨달았습니다. 자기 자신과 거대한 바다는 결코 다르지 않다는 사실을! 자기 자신이 바로 거대한 바다 자체였다는 사실을! 그저 자신이 작은 파도라는 꿈을 꾸고 있었다는 사실을!

이 사실을 알게 된 작은 파도는 잔잔한 기쁨 속에서 오늘도 수평선에서 해변으로, 해변에서 수평선으로 끊임없이 물결치고 있답니다.

감사의 말

돌아보니 감사드려야 할 분들이 너무 많습니다. 이 어리석은 사람에게 선(禪)을 직접 맛보게 해 주신 훈산(薰山) 박홍영 거사님(1922~2012), 공부하는 사람의 한결같은 본보기를 보여 주신 무심선원 김태완 선생님, 깨달음 마저도 또 다른 미혹임을 깨우쳐 주신 대덕사 춘식 스님께 고개 숙여 깊은 감사의 인사를 드립니다. 그리고 이 길을 함께 가는 도반이자 선지식인 아내 임순희에게 그동안 쑥스러워 표현하지 못했던 고마움을 전합니다.

직접 가르침을 받지는 못했지만 김기태 선생님을 비롯해서 에크하르트 톨레(Eckhart Tolle), 토니 파슨스(Tony Parsons), 아디야샨티(Adyashanti), 루퍼트 스파이라(Rupert Spira) 등 서구의 비이원론 스승들께도 감사드립니다. 그분들의 책과 영상을 통해 시야가 확대되는 경험을 하였습니다. 끝으로 소박한 제 공부모임에 참여해 준 여러분들과 치밀한 편집자로서 제 미숙한 책들의 산파 역할을 해 준 침묵의 향기 김윤 사장님께도 고마움을 전합니다.

상세 차례

5. 어디에서 나를 찾으랴

6. 구도자는 없다

이것이 그것이다

초판 1쇄 발행일 2016년 10월 27일
　　2쇄 발행일 2023년 3월 14일

지은이 심성일

펴낸이 김윤
펴낸곳 침묵의 향기
출판등록 2000년 8월 30일, 제1-2836호
주소 10401 경기도 고양시 일산동구 무궁화로 8-28,
　　삼성메르헨하우스 913호
전화 031) 905-9425
팩스 031) 629-5429
전자우편 chimmukbooks@naver.com
블로그 http://blog.naver.com/chimmukbooks

ISBN 978-89-89590-62-0　03220

＊책값은 뒤표지에 있습니다.